CONSÉCRATION à
D
I
E
U

MIS(E) À PART POUR DIEU
William Dika

Consécration à Dieu par William Dika, avec la contribution de Gayel Dika

Droits réservés (Copyright) © William Dika, 2021

Aucune partie de ce livre ne peut être utilisée ou reproduite de quelque manière que ce soit sans autorisation écrite, sauf dans le cas de brèves citations contenues dans des critiques et de certaines autres utilisations non commerciales

autorisées par la loi sur le droit d'auteur. Copies ou reproductions strictement réservées à l'usage privé du copiste et non destinées à une utilisation collective.

Tous les versets des Écritures qui n'ont pas été suivis de la source ont été pris dans la Bible Louis Segond, domaine public sur Bible Gateway.com

Darby, Public Domain

Segond 21 (S21) Version Segond 21 Copyright © 2007 Société Biblique de Genève by Société Biblique de Genève

Pour informations, contactez :

William & Gayel Dika

Email : o-praxisllc@gmail.com

ISBN: 978-0-9989489-3-5

Première édition : Janvier 2023

Table Des Matières:

Introduction	1
Définition De La Consécration	11
Pourquoi Se Purifier/Consacrer ?	15
Le But De La Consécration	23
Ingrédients D'une Bonne Consécration	29
Le Cœur D'une Bonne Consécration	73
Les Trois Niveaux De Consécration	78
Exemple D'une Consécration Réussie : Jean Baptiste	83
Obstacles À Une Bonne Consécration/Préparation	94
Exemple D'une Consécration Complètement Ratée: Guéhazi (2 ROIS)	111
Entretenir Sa Consécration	117
La Consécration Parfaite: Jésus-Christ	122
Conclusion	131

Introduction

Problématique

Dans le corps de Christ, il y a une problématique concernant l'Ancien Testament et le Nouveau Testament. Je tiens à faire une petite explication à ce sujet afin que la lecture de ce livre soit vraiment très compréhensive par la révélation que donne le Saint-Esprit pour que nous puissions tirer de toutes les richesses infiniment grandes de notre Infini Grand Sauveur et Dieu Jésus, le Messie. L'Ancien Testament ou encore l'Ancienne Alliance est la vérité de la Parole de Dieu. Tout ce que Dieu dit dans cette Ancienne Alliance ou Ancien Testament est toujours d'actualité aujourd'hui. Pourquoi ? Parce que Jésus-Christ est le même hier, aujourd'hui et pour l'éternité. *Hébreux 13.8* (S21). Jésus étant la parole vivante et active de Dieu, alors cette parole n'est pas à changer et ne changera pas. Le problème est que certains divisent la Bible et considèrent l'Ancien Testament comme n'étant plus d'actualité et estiment que maintenant c'est le Nouveau Testament qui compte parce que nous ne sommes plus sous la Loi mais sous la Grâce. Mais ce qui est ignoré, c'est que c'est Jésus qui est la Grâce personnifiée, car selon les Écrits, c'est par Lui que sont venues la vérité et la grâce *(Jean 1.17)*, Il a dit qu'Il n'est pas venu annuler la Loi et les Prophètes c'est-à-dire l'Ancien Testament mais l'accomplir *(Matthieu 5.17)*. Je pense que c'est le mot *accomplir* qui n'est pas bien compris parce que certains pensent que comme Jésus a accompli la Loi et les Prophètes, alors nous ne devons plus les faire. En plus de cela, si nous ne devions plus le faire, alors le chapitre 15 du livre des Actes des Apôtres doit être retiré de la Bible ?!

Il y est écrit :

« *Quelques hommes venus de Judée enseignaient les frères en disant : « Si vous n'êtes pas circoncis selon la coutume de Moïse, vous ne pouvez pas être sauvés. »* »

² Paul et Barnabas eurent un vif débat et une vive discussion avec eux. Les frères décidèrent alors que Paul, Barnabas et quelques-uns d'entre eux monteraient à Jérusalem vers les apôtres et les anciens pour traiter cette question.

³ Envoyés donc par l'Église, ils traversèrent la Phénicie et la Samarie en racontant la conversion des non-Juifs, et ils causèrent une grande joie à tous les frères et sœurs.

⁴ Arrivés à Jérusalem, ils furent accueillis par l'Église, les apôtres et les anciens, et ils rapportèrent tout ce que Dieu avait fait avec eux.

⁵ Alors quelques croyants issus du parti des pharisiens se levèrent en disant qu'il fallait circoncire les non-Juifs et leur ordonner de respecter la Loi de Moïse.

⁶ Les apôtres et les anciens se réunirent pour examiner cette question.

⁷ Il y eut une longue discussion. Pierre se leva alors et leur dit : « Mes frères, vous savez que, dès les premiers jours, Dieu a fait un choix parmi nous : il a décidé que les non-Juifs entendraient par ma bouche la parole de l'Évangile et croiraient.

⁸ Et Dieu, qui connaît les cœurs, leur a rendu témoignage en leur donnant le Saint-Esprit comme à nous.

⁹ Il n'a fait aucune différence entre eux et nous, puisqu'il a purifié leur cœur par la foi.

¹⁰ Maintenant donc, pourquoi provoquer Dieu en imposant aux disciples des exigences que ni nos ancêtres ni nous n'avons été capables de remplir?

¹¹ Nous croyons au contraire que c'est par la grâce du Seigneur Jésus que nous sommes sauvés, tout comme eux. »

¹² Toute l'assemblée garda le silence et l'on écouta Barnabas et Paul raconter tous les signes miraculeux et les prodiges que Dieu avait accomplis par leur intermédiaire au milieu des non-Juifs.

¹³ Lorsqu'ils eurent fini de parler, Jacques prit la parole et dit : « Mes frères, écoutez-moi !

¹⁴ Simon a raconté comment, dès le début, Dieu est intervenu pour choisir parmi les nations un peuple qui porte son nom.

¹⁵ Cela s'accorde avec les paroles des prophètes, puisqu'il est écrit :

¹⁶ Après cela, je reviendrai, je relèverai de sa chute la tente de David, je réparerai ses ruines et je la redresserai ;

¹⁷ alors le reste des hommes cherchera le Seigneur, ainsi que toutes les nations appelées de mon nom, dit le Seigneur qui fait [tout] cela[a]

¹⁸ et de qui cela est connu de toute éternité. »

¹⁹ C'est pourquoi, je pense qu'on ne doit pas créer de difficultés aux non-Juifs qui se tournent vers Dieu,

²⁰ mais qu'il faut leur écrire d'éviter les souillures des idoles, l'immoralité sexuelle, les animaux étouffés et le sang.

²¹ En effet, depuis bien des générations, dans chaque ville des hommes prêchent la Loi de Moïse, puisqu'on la lit chaque sabbat dans les synagogues. »

²² Alors, il parut bon aux apôtres et aux anciens, ainsi qu'à toute l'Église, de choisir parmi eux Jude, appelé Barsabas, et Silas, des hommes estimés parmi les frères, et de les envoyer à Antioche avec Paul et Barnabas.

²³ Ils les chargèrent du message que voici : « Les apôtres, les anciens et les frères aux frères et sœurs d'origine non juive qui sont à Antioche, en Syrie et en Cilicie, salut !

²⁴ Nous avons appris que des hommes partis de chez nous, mais sans aucun ordre de notre part, vous ont troublés par leurs discours et vous ont ébranlés [en vous disant de vous faire circoncire et de respecter la loi].

²⁵ C'est pourquoi nous avons décidé, d'un commun accord, de choisir des délégués et de vous les envoyer avec nos bien-aimés Barnabas et Paul,

²⁶ ces hommes qui ont leur vie notre Seigneur Jésus-Christ.

²⁷ Nous avons donc envoyé Jude et Silas qui vous annonceront de vive voix les mêmes choses.

²⁸ En effet, il a paru bon, au Saint-Esprit et à nous de ne pas vous imposer d'autre charge que ce qui est nécessaire :

²⁹ vous abstenir des viandes sacrifiées aux idoles, du sang, des animaux étouffés et de l'immoralité sexuelle. Vous agirez bien en évitant tout cela. Adieu. »

³⁰ Ils prirent donc congé de l'Église et allèrent à Antioche, où ils réunirent l'assemblée et lui remirent la lettre.

³¹ On en fit la lecture et tous se réjouirent de l'encouragement qu'elle leur apportait.

32 Jude et Silas, qui étaient eux-mêmes prophètes, encouragèrent les frères et les fortifièrent en leur parlant longuement.

33 Au bout de quelque temps, ceux-ci les laissèrent retourner en paix vers ceux qui les avaient envoyés. (S21)

La partie soulignée dans le texte montre que les premiers chrétiens devaient toujours suivre la Loi morale parce que c'est dans la Loi morale que l'on trouve les enseignements sur les souillures des idoles, l'immoralité sexuelle, les animaux étouffés et le sang.

Revenons sur le mot *accomplir*. Le mot accomplir dans Matthieu 5.17, c'est le mot grec pleroo (plee-ro'-ō) qui vient du Strong G4137 et qui veut dire :

1. à remplir complètement.
2. (littéralement) pour tasser (un filet), monter de niveau (un creux).
3. (figurativement) fournir, satisfaire, exécuter (un service à Dieu), terminer (une période ou une tâche), vérifier (ou coïncider avec une prédiction), etc.

LSG : accomplir, X après, compléter, finir, expirer, remplir, venir, prêcher pleinement, perfectionner, fournir.

N.B. : dans la traduction, j'ai enlevé les mots grecs et numéros Strong qui peuvent générer la confusion et rendre facile la lecture et la compréhension.

Dans Matthieu 5.17, Jésus dit juste qu'il est venu faire la Loi et les Prophètes. Il est venu remplir ce qui n'était pas encore rempli jusqu'au bout. Si je veux illustrer ceci avec une image, je dirais que la Loi et les Prophètes sont comme un vase partiellement rempli d'eau. Mais ce vase devait rester ainsi jusqu'à ce que Dieu décide de le faire remplir totalement par une autre personne. C'est comme une tâche qui ne peut être achevée complètement que lorsqu'une certaine personne y ait apporté le point final. Par exemple, un dossier qui a été monté et passé par toutes les vérifications, mais va être définitivement approuvé si et seulement si le directeur y met son sceau et sa signature. C'est la même chose avec la Loi et les Prophètes. Jésus était celui qui allait venir la rendre parfaite, c'est-à-dire accessible à tous et faisable par tous, mais d'une façon presque similaire à ce qui existait déjà. En d'autres termes, Jésus, en accomplissant la Loi et les Prophètes, l'a rendu faisable pour tous ceux qui seront dans la Nouvelle Alliance. Ceci est bien écrit dans le Livre de Romains au chapitre 8 :

> « *¹ Il n'y a donc maintenant aucune condamnation pour ceux qui sont en Jésus-Christ, [qui ne vivent pas conformément à leur nature propre mais conformément à l'Esprit].*
>
> *² En effet, la loi de l'Esprit qui donne la vie en Jésus-Christ m'a libéré de la loi du péché et de la mort,*
>
> *³ car ce qui était impossible à la loi parce que la nature humaine la rendait impuissante, Dieu l'a fait : il a condamné le péché dans la nature humaine en envoyant à cause du péché son propre Fils dans une nature semblable à celle de l'homme pécheur.*
>
> *⁴ Ainsi, la justice réclamée par la loi est accomplie en nous qui vivons non conformément à notre nature propre mais conformément à l'Esprit.* » (S21)

Les deux passages soulignés nous montrent que la justice de la Loi est accomplie en ceux qui marchent selon la loi de l'Esprit de vie, en d'autres termes, ce que la Loi et les Prophètes réclament : la justice de Dieu (ce qui est droit et vrai). Cela s'accomplit si et seulement si l'on marche par l'Esprit de vie qui est en Jésus-Christ. La loi de l'Esprit de vie en Jésus-Christ est ce qui me permet de mettre en pratique la Loi et Les Prophètes. Paul dit dans le verset 3 qu'

> « ² En effet, la loi de l'Esprit qui donne la vie en Jésus-Christ m'a libéré de la loi du péché et de la mort,
>
> ³ car ce qui était impossible à la loi parce que la nature humaine la rendait impuissante, Dieu l'a fait ».

Paul dit que parce que la nature humaine ne peut pas appliquer la Loi de façon juste, alors Dieu a pourvu le moyen qui nous permet de pouvoir faire ce qu'Il nous demande. La loi de l'Esprit de vie en Jésus-Christ est celle qui effectivement nous donne la capacité morale et surnaturelle pour nous délivrer de la loi du péché et de la mort. La loi du péché et de la mort c'est n'est pas la Loi et les Prophètes mais c'est la loi qui dit « l'âme qui pèche mourra » *(Ezéchiel 18.4)*. Maintenant, cette loi qui dit que « si je pèche je vais mourir » doit être annulée, mais comme Dieu ne peut pas annuler Sa parole, alors il a pourvu une autre loi supérieure à « l'âme qui pèche mourra » par la loi de l'Esprit de vie en Jésus-Christ. Cette loi de l'Esprit de vie en Jésus-Christ dit simplement « le juste vivra par la foi ». *(Habakuk 2.4, Romains 1.17)*. La foi, ce n'est pas simplement <je crois>, mais c'est faire un avec la volonté de Dieu. C'est pour cela qu'il est dit **dans Romains 8.5** que ceux qui marchent selon l'Esprit auront la vie et la paix, contrairement à ceux qui ne marchent pas selon l'Esprit mais la chair qui auront la mort ou la corruption.

Romains 8.5-7 :

> ⁵ *En effet, ceux qui se conforment à leur nature propre se préoccupent des réalités de la nature humaine, tandis que ceux qui se conforment à l'Esprit sont préoccupés par ce qui est de l'Esprit.*

⁶ *De fait, la nature humaine tend vers la mort, tandis que l'Esprit tend vers la vie et la paix.*

⁷ *En effet, la nature humaine tend à la révolte contre Dieu, parce qu'elle ne se soumet pas à la loi de Dieu et qu'elle n'en est même pas capable.*

⁸ *Or, ceux qui sont animés par leur nature propre ne peuvent pas plaire à Dieu.](S21).*

Le verset 7 rend cela encore plus évident en disant que la nature humaine ne se soumet pas à la Loi de Dieu ou la Loi et les Prophètes).

Il est essentiel que nous puissions comprendre le rapport entre l'Ancienne Alliance ou Ancien Testament et la Nouvelle Alliance ou Nouveau Testament. Et ceci ne peut se faire par une âme humble et simple qui va vers Dieu et laisse le Saint-Esprit lui donner la compréhension nécessaire.

Si on veut résumer le rapport entre l'Ancienne Alliance ou Ancien Testament et la Nouvelle Alliance ou Nouveau Testament, c'est que la Nouvelle Alliance ou Nouveau Testament est l'application par le Saint-Esprit de l'Ancienne Alliance ou Ancien Testament. En d'autres termes, tout ce qui est dans la Nouvelle Alliance ou Nouveau Testament est appliqué en Esprit ou est l'application spirituelle de l'Ancien Testament ou Ancienne Alliance. Ici, on parle des œuvres de la justice, c'est-à-dire ce qui est juste et droit devant Dieu. Il faut savoir aussi que dans l'Ancien Testament, il y a des prophéties, des oracles dits par Dieu qui doivent encore être accomplis par Jésus, comme l'enlèvement de l'Église, son retour, et le Millenium.

Établir la relation entre les deux alliances nous aide à mieux comprendre la suite, car cela est important parce que sans une fondation sûre on ne peut bâtir convenablement même si on a les meilleurs matériaux. La compréhension du rapport entre les deux alliances est capitale parce que Dieu nous parle toujours, que ce soit dans l'Ancien ou le Nouveau Testament. Ces deux parties doivent être prises comme un tout sinon on va perdre de la richesse que Dieu nous a gratuitement donnée par sa Grâce *(1 Corinthiens 2.12)*.

Définition De La Consécration

Définition du dictionnaire

La consécration est définie selon le dictionnaire Larousse comme étant :

- Un rite par lequel on affecte au service de Dieu une personne, une chose qui, par-là, entre dans la catégorie du sacré.
- Chez les catholiques, acte par lequel le pain et le vin sont convertis en la substance du corps et du sang de Jésus-Christ ; moment de la messe où se fait cette action.
- Chez les protestants, acte par lequel l'Église confère à un homme la charge d'un ministère. (Les anglicans et les luthériens la réservent aux pasteurs.)
- Une confirmation solennelle ou une sanction.
- Une action de donner à quelqu'un, à quelque chose une place éminente ; fait d'être consacré.

Définition Strong

Hagiazó : rendre saint, consacrer, sanctifier

Mot d'origine : γιάζω

Translittération : hagiazó

Partie du discours : verbe

Orthographe phonétique : (hag-ee-ad'-zo)

Définition : rendre saint, consacrer, sanctifier

Utilisation : je sanctifie, je traite comme saint, je mets à part comme saint, je sanctifie, je purifie.

(Source : https://biblehub.com/greek/37.htm)

On peut voir que le mot sanctifier peut dire plusieurs choses : rendre saint, mis à part pour être défini comme saint, purifier.

Dans ce livre nous allons nous attarder sur la consécration comme le processus de rendre pur, d'être purifié par Dieu. Mais avant d'être purifié pour le service de Dieu, il y a une autre sanctification qui se passe qui est d'être mis à part par l'Esprit de Dieu en Christ : c'est la nouvelle naissance. La nouvelle naissance est la sanctification de notre esprit d'homme, c'est-à-dire que nous avons été débarrassés du corps du péché de la chair dans notre esprit.

Colossiens 2.11-13 :

11 Et c'est en lui que vous avez été circoncis d'une circoncision que la main n'a pas faite, mais de la circoncision de Christ, qui consiste dans le dépouillement du corps de la chair :

12 ayant été ensevelis avec lui par le baptême, vous êtes aussi ressuscités en lui et avec lui, par la foi en la puissance de Dieu, qui l'a ressuscité des morts.

13 Vous qui étiez morts par vos offenses et par l'incirconcision de votre chair, il vous a rendus à la vie avec lui, en nous faisant grâce pour toutes nos offenses (LSG).

De manière figurative, c'est-à-dire en utilisant une image visible ou une scène physique, la consécration spirituelle ou la nouvelle naissance, c'est lorsqu'on a été transféré du pays des ténèbres (puissance des ténèbres) au Royaume de Jésus et du Père (Royaume de lumière ou du Fils de son Amour).

Colossiens 1.12-14 :

12 Rendez grâces au Père, qui vous a rendus capables d'avoir part à l'héritage des saints dans la lumière,

> *¹³ qui nous a délivrés de la puissance des ténèbres et nous a transportés dans le royaume du Fils de son amour,*
>
> *¹⁴ en qui nous avons la rédemption, la rémission des péchés (LSG).*

Pour mieux expliquer, il y a eu un changement de location, on est quitté d'une localité pour une autre localité. Ces deux localités sont parallèlement opposées (en géométrie, deux droites ou plans parallèles ne se rencontrent pas et ne se rencontreront jamais). Si on veut parler de la sanctification dans notre esprit de façon figurée, c'est cela. De façon spirituelle, on parle de la nouvelle naissance ou être né(e) de nouveau ou régénéré(e)

1 Pierre 1.3 :

> *Béni soit Dieu, le Père de notre Seigneur Jésus-Christ! Conformément à sa grande bonté, il nous a fait naître de nouveau à travers la résurrection de Jésus-Christ pour une espérance vivante (S21).*

Pourquoi Se Purifier/ Consacrer ?

Avant de pouvoir donner des raisons de la consécration ou de la sanctification, on doit d'abord savoir ce qui s'est passé en nous lorsqu'on a été régénéré(e) ou on est né(e) d'en haut ou né(e) de nouveau. Lorsque le Saint-Esprit nous a circoncis spirituellement, c'est-à-dire qu'il a enlevé la puissance de la chair dans notre esprit et nous avons reçu l'esprit de Jésus (diffèrent du Saint-Esprit), parce qu'être né de nouveau c'est avoir l'esprit de Christ, un esprit pur. Notre esprit étant pur, nous avons encore notre âme et corps qui sont impurs. Donc, il faut se débarrasser de ces impuretés dans notre âme et corps. Ce processus de se débarrasser des impuretés dans notre âme et corps est la purification/sanctification *(Romains 6.19)*.

Je parle à la manière des hommes, à cause de votre faiblesse naturelle. De même que vous avez mis vos membres comme esclaves au service de l'impureté et de l'injustice pour arriver à plus d'injustice, de même maintenant, mettez vos membres comme esclaves au service de la justice pour progresser dans la sainteté (S21).

Ainsi donc, se sanctifier ou se consacrer devient une chose évidente à devoir faire parce que nous ne devons plus accepter des impuretés en nous, car nous sommes les enfants du Dieu Créateur pur et saint.

Des raisons de se purifier/consacrer :

- **Nous sommes impurs dans notre âme et corps.**

    Jean 17.17-19 :

    [17] Consacre-les par Ta vérité ! Ta parole est la vérité.

    [18] Tout comme Tu M'as envoyé dans le monde, Je les ai Moi aussi envoyés dans le monde,

¹⁹ *et Je Me consacre Moi-même pour eux afin qu'eux aussi soient consacrés par la vérité. (S21).*

Ezéchiel 36.25-27 :

²⁵ Je vous aspergerai d'eau pure et vous serez purifiés. Je vous purifierai de toutes vos impuretés et de toutes vos idoles.

²⁶ Je vous donnerai un cœur nouveau et Je mettrai en vous un esprit nouveau. Je retirerai de votre corps le cœur de pierre et Je vous donnerai un cœur de chair.

²⁷ C'est Mon Esprit que Je mettrai en vous. Ainsi, Je vous ferai suivre Mes prescriptions, garder et respecter Mes règles.

Jacques 1.21 :

²¹ C'est pourquoi, rejetez toute souillure et tout débordement dû à la méchanceté, et accueillez avec douceur la parole qui a été plantée en vous et qui peut sauver votre âme (S21).

- **Dieu est Saint et il veut qu'on puisse l'adorer en esprit et en vérité.**

Jean 4.24 :

²⁴ Dieu est Esprit et il faut que ceux qui L'adorent, L'adorent en esprit et en vérité.

Lévitiques 11.44-45 :

⁴⁴ En effet, Je suis l'Éternel, votre Dieu. Vous vous consacrerez et vous serez saints, car Je suis saint ; vous ne vous rendrez pas impurs par tous ces reptiles qui rampent sur la terre.

⁴⁵ *En effet, Je suis l'Éternel, qui vous ai fait sortir d'Égypte pour être votre Dieu, et vous serez saints car Je suis saint (S21).*

- **Nous sommes le temple du Saint-Esprit et le Saint-Esprit doit se sentir à la maison en nous.**

Romains 8.5-11 :

⁵ *En effet, ceux qui se conforment à leur nature propre se préoccupent des réalités de la nature humaine, tandis que ceux qui se conforment à l'Esprit sont préoccupés par ce qui est de l'Esprit.*

⁶ *De fait, la nature humaine tend vers la mort, tandis que l'Esprit tend vers la vie et la paix.*

⁷ *En effet, la nature humaine tend à la révolte contre Dieu, parce qu'elle ne se soumet pas à la Loi de Dieu et qu'elle n'en est même pas capable.*

⁸ *Or, ceux qui sont animés par leur nature propre ne peuvent pas plaire à Dieu.*

⁹ *Quant à vous, vous n'êtes pas animés par votre nature propre mais par l'Esprit, si du moins l'Esprit de Dieu habite en vous. Si quelqu'un n'a pas l'Esprit de Christ, il ne lui appartient pas.*

¹⁰ *Et si Christ est en vous, votre corps, il est vrai, est mort à cause du péché, mais votre esprit est vie à cause de la justice.*

¹¹ *Et si l'Esprit de celui qui a ressuscité Jésus habite en vous, celui qui a ressuscité Christ rendra aussi la vie à votre corps mortel par son Esprit qui habite en vous (S21).*

Habite, c'est-à-dire comme moi-même j'habite librement ma maison, ayant un accès illimité et libre dans toutes les pièces et tous les recoins de ma maison. Le Saint-Esprit doit être à la maison en nous.

2 Corinthiens 6.14-18 :

14 Ne formez pas un attelage disparate avec des incroyants. En effet, quelle relation y a-t-il entre la justice et le mal ? Ou qu'y a-t-il de commun entre la lumière et les ténèbres ?

15 Quel accord y a-t-il entre Christ et le diable ? Ou quelle part le croyant a-t-il avec l'incroyant ?

16 Quel rapport peut-il y avoir entre le temple de Dieu et les idoles ? En effet, vous êtes le temple du Dieu vivant, comme Dieu l'a dit : « J'habiterai et je marcherai au milieu d'eux ; je serai leur Dieu et ils seront mon peuple. »

17 C'est pourquoi, sortez du milieu d'eux et séparez-vous, dit le Seigneur ; ne touchez pas à ce qui est impur et je vous accueillerai.

18 Je serai pour vous un père et vous serez pour moi des fils et des filles, dit le Seigneur tout-puissant (S21).

- **On ne peut pas servir Dieu avec la puissance du diable et nos habiletés propres.**

Jean 15.5 :

5 Je suis le cep, vous êtes les sarments. Celui qui demeure en Moi et en qui Je demeure porte beaucoup de fruit, car sans Moi vous ne pouvez rien faire (S21).

Zacharie 4.6 :

⁶ *Alors il a repris et m'a dit : « Voici la parole que l'Éternel adresse à Zorobabel : Ce n'est ni par la puissance ni par la force, mais c'est par mon Esprit, dit l'Éternel, le Maître de l'univers (S21).*

Colossiens 1.27-28 :

²⁷ *En effet, Dieu a voulu leur faire connaître la glorieuse richesse de ce mystère parmi les non-Juifs, c'est-à-dire Christ en vous, l'espérance de la gloire.*

²⁸ *C'est lui que nous annonçons, en avertissant et en instruisant toute personne en toute sagesse, afin de présenter à Dieu toute personne devenue adulte en [Jésus-]Christ.*

²⁹ *C'est à cela que je travaille en combattant avec Sa force qui agit puissamment en moi (S21)*

En effet, lorsque nous sommes tous jeunes convertis, on doit comprendre que lorsque nous n'étions pas encore de la famille de Dieu, nous avons livré nos membres aux péchés, c'est-à-dire nos facultés intellectuelles, nos sens, notre corps physique. Et en faisant ceci, on a amené des impuretés dans notre corps et détruit nos âmes et même notre corps physique par cette vie de dissolution car l'esprit est déjà dans les ténèbres. La Bible dit que celui qui sème la corruption récolte la corruption *(Galates 6.8)*, en d'autres termes tout ce que nous avons fait qui était contraire à la Loi de Dieu, Ses principes, a été semé dans notre âme et corps et cela a produit la corruption. La corruption est la détérioration, la décomposition de notre être entier. En vérité, la corruption est la nature du diable et des démons *(Romains 6.19)*.

Éphésiens 2.1-3 :

¹ Quant à vous, vous étiez morts à cause de vos fautes et de vos péchés,

² que vous pratiquiez autrefois conformément à la façon de vivre de ce monde, conformément au prince de la puissance de l'air, de l'esprit qui est actuellement à l'œuvre parmi les hommes rebelles.

³ Nous tous aussi, nous étions de leur nombre : notre conduite était dictée par les désirs de notre nature propre, puisque nous accomplissions les volontés de la nature humaine et de nos pensées, et nous étions, par notre condition même, destinés à la colère, tout comme les autres (S21).

Éphésiens 4.22 :

²² On vous a enseigné à vous débarrasser du vieil homme qui correspond à votre ancienne manière de vivre et se détruit sous l'effet de ses désirs trompeurs (S21).

Toute cette vie sans Dieu n'est qu'un désastre spirituel dans notre être entier (esprit, âme et corps), dans les cinq domaines de nos vies, et aussi dans la vie de ceux que nous avons fréquentés dans cette vie de péché. Oui, quand nous désobéissons à Dieu, cela nous affecte et aussi ceux qui sont autour de nous. Dans le livre de Josué au Chapitre 2, il y a l'histoire d'Acan qui avait désobéi un principe de guerre donné par Dieu, il a convoité l'or et un manteau en cachette. Et lorsque Israël est allé combattre Ai, qui était une petite ville et moins fortifiée que Jéricho, Israël a été battu et a connu des pertes d'hommes. Alors le général Josué, pleurant devant le Seigneur dans la prière, a reçu la révélation qu'Israël a perdu parce qu'il y avait un homme dans le peuple qui avait péché contre Dieu et contre le peuple. La convoitise d'Acan lui a coûté sa vie et celle de sa famille, ses serviteurs et ses biens *(Josué 7.19-26 – **il serait mieux de lire tout le chapitre 7**)*. Donc, c'est ce principe de péché et conséquences du péché qui se passe dans notre âme et corps quand on pèche contre l'Éternel Dieu, tout notre être et ce qui nous appartient sont atteints. Mais par la consécration et l'obéissance à la Parole du Seigneur et la foi qui agit par l'amour, on devient des guerriers vainqueurs pour la gloire de Jésus le Messie.

Le But De La Consécration

- **Être à l'image de Christ**

   Romains 8.29 :

   ²⁹ *Car ceux qu'Il a connus d'avance, Il les a aussi prédestinés à être semblables à l'image de Son Fils, afin que Son Fils fût le premier-né entre plusieurs frères.*

   Genèse 1.26-27:

   ²⁶ *Puis Dieu dit : Faisons l'homme à Notre image, selon Notre ressemblance, et qu'il domine sur les poissons de la mer, sur les oiseaux du ciel, sur le bétail, sur toute la terre, et sur tous les reptiles qui rampent sur la terre.*

   ²⁷ *Dieu créa l'homme à Son image, Il le créa à l'image de Dieu, Il créa l'homme et la femme.*

   Dans la Bible, le mot image a plusieurs sens :

   *   Une représentation de quelque chose comme le veau d'or dans l'Exode ;

   *   Une figure de style, c'est-à-dire une description d'une vérité spirituelle par une réalité physique (Esaïe 40.8).

   *   Une ressemblance dans le caractère, c'est-à-dire avec les mêmes pensées, attitudes, objectifs. C'est ce cas qui nous intéresse ici. Lorsque Adam a été créé par l'Éternel Dieu en son image, c'est-à-dire qu'il avait toute la pureté et l'innocence qu'un nouveau-né et même plus parce que le nouveau-né naît déjà avec la nature pécheresse héritée de ses parents, son être est déjà teint du péché *(Psaume 51.7[S21]).*

   Par le péché d'Adam -, l'homme a perdu cette innocence et cette pureté, son intelligence, ses émotions, ses perceptions, sa compréhension, son raisonnement ; tout son être a été corrompu à cause du péché : c'est le péché originel. Ainsi, par cette corruption, l'homme était déjà disqualifié pour accomplir parfaitement les plans de Dieu parce qu'il n'était plus pur dans son être. La conséquence de cette différence se manifeste quand Adam et son épouse - Après avoir désobéi – ont fait des ceintures et les ont mis à leur taille pour cacher leur nudité. Ils ont perdu l'innocence et la pureté ; la présence de Dieu qui était une réjouissance et un plaisir inouïs est devenue quelque chose d'effrayant. Ce n'est pas que Dieu soit effrayant, mais à cause de leur état spirituel dû à la corruption, ils ne pouvaient plus supporter dans une certaine mesure la sainteté de Dieu. Pierre dans Luc 5 dit à Jésus :

« *Éloigne-toi de moi car je suis qu'un pécheur* » *(V. 8).*

Ce n'est pas Pierre, un pêcheur de poisson, mais Jésus dans sa grâce qui a fait ressentir sa sainteté à Pierre. Pierre l'a adoré, mais il ne voulait pas rester dans la présence de Jésus, car Jésus était trop saint pour lui et Pierre voyait son véritable état de pécheur, d'homme corrompu et conçu dans le péché.

- **Être utile au Maître de la maison :** ici c'est le Seigneur Jésus de Nazareth *(2 Timothée 2.19-21)*

> [20] *Dans une grande maison, il n'y a pas seulement des vases d'or et d'argent, mais il y en a aussi de bois et de terre ; les uns sont des vases d'honneur, et les autres sont d'un usage vil.*
>
> [21] *Si donc quelqu'un se conserve pur, en s'abstenant de ces choses, il sera un vase d'honneur, sanctifié, utile à son maître, propre à toute bonne œuvre.*

Dans le texte, il y a différents types de vases, mais Paul dit à Timothée qu'il ne doit pas être un vase d'usage commun mais un vase d'or utile au Maître. En Afrique ou dans certaines cultures, dans la maison il y a des couverts réservés pour les grandes occasions, des couverts pour des invités privilégiés (c'est-à-dire des personnes qui viennent nous visiter, et auxquelles on donne un certain honneur ou une certaine place). Ils peuvent être de la famille élargie ou faire partie du cercle des amis de la famille. Ces personnes, quand elles viennent nous rendre visite, on ne les fait pas manger avec les couverts de tous les jours. Elles sont servies dans un service différent de celui qu'on utilise couramment dans la maison. Ces couverts sont les plus beaux, les plus entretenus, toujours propres et gardés pour des occasions exceptionnelles. Ces couverts, personne de la maison ne peut les utiliser, même pas le père de famille. Ces couverts sont spéciaux et utilisés pour des choses spéciales. C'est la même pensée que Paul transmet dans ce passage, il dit à Timothée qu'il ne doit pas être un vase, un instrument, un fils de Dieu que Dieu utilise pour des choses communes, des choses ordinaires, mais qu'il doit être un vase sanctifié que Dieu se réserve pour faire des choses spéciales et merveilleuses que seules les vases d'honneur ont le privilège de faire. Puisque l'Apôtre Paul met l'accent sur les catégories de vases et leur utilité, alors on peut conclure que notre niveau de consécration détermine les œuvres que nous allons faire parce que cela définit la mesure que nous offrons à Dieu pour qu'Il nous remplisse et nous rende capable de faire ses œuvres. Car le serviteur ou la servante de Dieu doit être nécessairement et pleinement équipé(e) pour les bonnes œuvres préparées d'avance en Christ pour qu'il ou elle puisse les pratiquer *(Éphésiens 2.10 et 2 Timothée 3.17).*

- **Faire les bonnes œuvres préparées d'avance par le Père en Jésus le Messie**

2 Timothée 3.15-17

[15] *[Depuis ton enfance, tu connais les saintes Écritures qui peuvent te rendre sage en vue du salut par la foi en Jésus-Christ.*

¹⁶ Toute l'Écriture est inspirée de Dieu et utile pour enseigner, pour convaincre, pour corriger, pour instruire dans la justice,

¹⁷ afin que l'homme de Dieu soit formé et équipé pour toute œuvre bonne.];

Éphésiens 2.10

[¹⁰ En réalité, c'est lui qui nous a faits; nous avons été créés en Jésus-Christ pour des œuvres bonnes que Dieu a préparées d'avance afin que nous les pratiquions.];

Sans la consécration, on ne peut pas faire les œuvres préparées d'avance par Dieu. Comme une personne qui veut être médecin, il/elle ne peut exercer le métier de médecin sans passer par les études de médecine et obtenir son diplôme de médecin. Un médecin n'est pas seulement celui qui suit les cours de médecine, mais c'est celui qui est qualifié durant son apprentissage de médecine et qui finit ses études avec un diplôme en médecine. (Ici on ne parle pas de diplôme fraudé mais des vrais diplômes obtenus de façon intègre et véritable, en respectant les règles et éthiques qui vont de pair.)

- **Être envoyé pour un service saint que le Saint-Esprit lui-même veut que l'on puisse réaliser**

Actes 13.1-4:

¹ Il y avait dans l'Église d'Antioche des prophètes et des enseignants: Barnabas, Siméon appelé le Noir, Lucius de Cyrène, Manahen, qui avait été élevé avec Hérode le tétrarque[a], et Saul.

² Pendant qu'ils rendaient un culte au Seigneur et qu'ils jeûnaient, le Saint-Esprit dit: «Mettez-moi à part Barnabas et Saul pour la tâche à laquelle je les ai appelés.»

³ Alors, après avoir jeûné, prié et posé les mains sur eux, ils les laissèrent partir.

⁴ Envoyés par le Saint-Esprit, Barnabas et Saul descendirent à Séleucie, d'où ils embarquèrent pour l'île de Chypre.

Un envoyé à la caractéristique de faire ce que celui qui l'a envoyé lui a demandé de faire. La Bible dit que le messager infidèle est comme du vinaigre sur de la soude ou de l'acide sur nos dents. **(Proverbes 10.26)**

En d'autres termes, un envoyé qui n'est pas préparé ne va pas transmettre fidèlement ce que celui qui l'envoie lui a commandé de dire. Dans cette tâche d'envoyé, si la consécration n'est pas faite correctement, l'envoyé peut abréger la mission. Jean Baptiste a été envoyé par Dieu pour préparer le chemin de l'Éternel. Mais lorsque Jésus est venu se faire baptiser par lui, Jean Baptiste a résisté à Jésus et a voulu se faire baptiser par Jésus alors que ce n'était pas ce que Dieu lui avait dit. Si Jean Baptiste n'avait pas eu une bonne consécration dans le désert, il aurait désobéi à Dieu. Or, Jean Baptiste a été tellement bien préparé qu'il a même accepté que ses disciples l'abandonnent pour Jésus. Ça arrive parfois que nous voulions que les hommes nous suivent plus qu'ils ne suivent Jésus. C'est un problème de consécration. Car dans une bonne consécration, il y a l'humilité. Jean Baptiste a dit :

« *Il faut qu'il grandisse et que moi je diminue* » **(Jean 3.30).**

Ingrédients D'une Bonne Consécration

1. L'amour de Dieu et pour Dieu

Marc 12.29-31

²⁹ Jésus répondit : Voici le premier : Écoute, Israël, le Seigneur, notre Dieu, est l'unique Seigneur ;

³⁰ et : Tu aimeras le Seigneur, ton Dieu, de tout ton cœur, de toute ton âme, de toute ta pensée, et de toute ta force.

³¹ Voici le second : Tu aimeras ton prochain comme toi-même. Il n'y a pas d'autre commandement plus grand que ceux-là.

- Quand on parle de l'amour dans les Écritures, on parle de trois différents types d'amour :

l'amour sensoriel : c'est amour qui s'exprime selon nos sens physiques et intellectuels. Par exemple, on aime une maison parce que selon nos yeux, on la trouve belle. Cet amour est mal manifesté en dehors de Jésus-Christ parce qu'il inclut ce qui est physique et sensoriel. Par exemple, le toucher ; lorsque notre corps est sollicité dans une sensation charnelle qui nous pousse à la fornication.

l'amour fraternel : c'est l'amour entre frères, l'amour amical qui implique la considération que l'on a pour un frère ou un ami. Par exemple, David et Jonathan étaient très attachés, ils s'aimaient d'un amour fraternel. Dans le corps de Christ, c'est cet amour qui doit se manifester entre frères. C'est le mot grec *phileo*.

l'amour sacrificiel plus connu sous l'amour agapè : c'est l'ultime amour. L'amour agapè est l'amour qui surpasse le domaine physique, naturel, sensoriel et fraternel. C'est l'amour spirituel ; cet amour vient de Dieu. On l'appelle aussi amour bénévole, c'est le cas du centurion romain dans l'Évangile selon Luc lorsqu'on lit :

« car il aime notre nation... » *(Luc 7.5)*.

Cet amour, c'est le même mot grec utilisé dans *Jean 3.16*, mais la différence ici est que l'amour de Dieu vient de Lui-même vers nous et cela se fait seulement en Jésus-Christ.

Donc, lorsqu'on parle d'aimer Dieu et d'avoir de l'amour pour Dieu, c'est de cet amour sacrificiel, inconditionnel dont on parle. Si je n'ai pas l'amour de Dieu dans mon cœur déversé par Son Esprit, je ne pourrai pas avoir de l'amour pour Dieu. Je dois aimer Dieu comme le Seigneur l'a résumé dans les deux plus grands commandements de tout l'univers. Je dois recevoir l'amour de Dieu et aimer Dieu en retour. Je dois aimer Dieu comme j'aime une belle maison, l'aimer comme j'aime un frère et un(e) ami(e), sans mettre de condition. Aimer sans condition, c'est aimer simplement, quel qu'en soit le prix. Si Dieu nous avait aimés avec une condition, il aurait d'abord fallu que nous puissions faire quelque chose pour qu'Il puisse nous aimer en retour par le sacrifice de Son Fils Bien-Aimé, Jésus. Or, Dieu n'a rien demandé en avance mais a pris les devants. C'est cet amour qui doit remplir les consciences et les cœurs des hommes.

2. L'amour pour la parole de Dieu

Jean 14.15,21

^{15} Si vous M'aimez, gardez Mes commandements.

^{21} Celui qui a Mes commandements et qui les garde, c'est celui qui M'aime ; et celui qui M'aime sera aimé de Mon Père, Je l'aimerai, et Je Me ferai connaître à lui.

La démonstration de mon amour pour Dieu est premièrement l'amour de Sa parole. Je dois aimer la Bible. Déjà aimer la Bible, c'est un début. Ensuite, je dois aimer lire cette Bible et aimer son contenu, y croire et, enfin, je dois faire ce qui y est écrit par amour pour Dieu. Si je n'aime pas un livre, il sera très difficile de le lire. C'est pareil avec des choses que l'on regarde à l'œil nu, il faut d'abord qu'on trouve cela attrayant et ensuite s'y intéresser. La Bible doit être comme cette belle voiture et maison que nous contemplons et voulons avoir, on doit aimer ce livre. La Bible est la parole de Dieu. La Bible elle-même se dit être la Parole de Dieu (**Josué 1.8 ; 2 Rois 23.2,21 ; Psaumes 1.1-3 ; Psaumes 19 ; Luc 5.1-3 ; Jean 1.1-3 ; Jean 5.39 ; Actes 13.12,44,46,48 ; Actes 14.3,7,21,25 ; Actes 15.34,36 ; Actes 16.6,31-32 ; 2 Timothée 3.15-17 ; 2 Pierre 1.20-21 ; 2 Pierre 3.16…**)

Lorsqu'on aime quelque chose, on aime avoir cette chose, jouir de cette chose. Il doit en être ainsi avec la Parole de Dieu. Mais la Parole de Dieu ne s'aime pas de façon naturelle, il faut prier pour l'amour de la Parole . Si je dis que j'aime la Parole, mais j'y entre seulement pour avoir des révélations de la part du Seigneur Jésus, je ne suis pas en train d'aimer cette Parole, mais je profite d'elle. On ne tire pas profit de la Parole de Dieu, on l'aime. Quand on tire profit de quelque chose, on prend seulement ce qu'on veut, ce qui nous plait. Dans la Parole de Dieu, on va trouver des choses que nous n'aimerons et nous ne comprendrons pas, mais que l'on devra aimer parce que c'est la Parole de Dieu. Ce qu'il faut comprendre aussi, c'est que la Parole de Dieu ce n'est pas le papier que nous avons devant nous, mais c'est la Personne de Jésus. Dans Apocalypse 19.11, Jésus est appelé la Parole de Dieu, dans Jean 1.1 également, Il est appelé la Parole de Dieu et, plus encore, Il est même appelé Dieu. Donc, si on veut faire une comparaison simple on a : Jésus = Parole de Dieu = Dieu, donc Parole de Dieu = Dieu (Jean 1.1).

Mais souvent, quand des personnes entendent que la Bible est Jésus ou Dieu, elles sont un peu confuses parce qu'elles se demandent comment un livre peut être Dieu. C'est simplement dire que la Personne de Dieu fait un avec Sa parole. Dieu est lié à Sa parole et rien ne peut les séparer. Jésus étant la Parole et Jésus ayant une communion éternelle avec le Père, il va de soi que Dieu est éternellement lié à Sa parole *(Esaïe 45.1 ; Matthieu 4.4)*. Dans l'Ancien Testament (Torah + Prophètes), on lira très souvent : « Ainsi parle l'Éternel ». Ceci nous montre en fait que Dieu et Sa parole ne font qu'un. Et même si nous raisonnons naturellement : ce qu'on dit, ce qu'on prononce avec notre propre bouche n'est que ce que l'on pense et qu'on veut faire connaître oralement. Il en va de même avec la Parole de Dieu, ça sort de la bouche de Dieu et plus précisément de Son cœur *(Matthieu 12.34)*.

3. Le renouvellement de l'intelligence.

Romains 12.2

² Ne vous conformez pas au siècle présent, mais soyez transformés par le renouvellement de l'intelligence, afin que vous discerniez quelle est la volonté de Dieu, ce qui est bon, agréable et parfait.

J'appelle ceci la partie charnière. C'est une phase déterminante dans la consécration. Le renouvellement de l'intelligence est la clé du succès lorsque cela est bien compris et qu'avec un cœur patient on collabore avec le Saint-Esprit pour effectuer ce travail.

Dans Romains 12.2 le mot « renouvellement » est le mot < anakainósis> qui veut dire changement de cœur ou changement de vie. Ce mot vient du mot <kainos> qui veut dire renouveler , passer à un état supérieur qu'avant. Donc dans le renouvellement de l'intelligence il y a deux processus : celui dont on est changé dans nos cœurs , les ténèbres sont remplacés par la lumière, le mensonge par la vérité ; et un autre dans lequel on a une connaissance plus élargie/ approfondie de ce que l'on connaissait avant. En quelques mots, le renouvellement de l'intelligence est le processus qui consiste à identifier nos faux raisonnements qui nous conduisent à mal raisonner, à faire de mauvais choix, à prendre de mauvaises décisions et à avoir des sentiments malsains envers Dieu, nous-mêmes et les autres et à les remplacer dans notre intelligence par les pensées de Dieu. En d'autres termes, demander au Saint-Esprit d'enlever ce qui est mauvais et de remplacer cela par la Parole de Dieu. C'est aussi continuer à apprendre ou de mieux comprendre ce dont nous avons déjà une certaine connaissance.

4. Prix à payer

Lévitique 1.1-17 ; Romains 12.1-2 ; Luc 14.25-35

Ici, c'est la partie la plus vitale, car c'est ici que se joue une grande partie de notre destinée. Quand on parle de consécration, on parle de préparation pour sa destinée. La consécration n'est pas à prendre à la légère, mais c'est la chose la plus vitale dans notre vie éternelle. Notre consécration va déterminer les bonnes œuvres que l'on va réaliser pour le Seigneur mais aussi la position qu'on pourra avoir dans l'éternité. La consécration est la mesure de notre récompense. C'est dans la consécration que je me rends disponible pour mon Maître et fait Son plaisir. Un athlète qui se prépare pour les Jeux Olympiques. sait que sa performance va déterminer le prix qu'il recevra . C'est pour cela qu'il maximise sa préparation et fait des sacrifices énormes pour remporter le premier prix. Aucun athlète dévoué dans sa discipline n'y va pour faire de la figuration mais bien pour remporter la médaille d'or. En Christ c'est pareil, notre niveau de consécration va définir notre récompense et aussi la place que nous allons occuper dans l'éternité. Donc il y a un prix à payer. Mais dans cette préparation, nous ne sommes pas en compétition les uns avec les autres. Nous sommes une équipe. Dans une consécration réussie, on ne cherche pas à écraser les autres ou paraître celui qui se sanctifie le plus, mais on est à la place que Jésus nous demande d'être et on fait promptement ce qu'Il nous demande. Le prix à payer dans la consécration est basé sur le degré d'amour que j'ai pour le monde et celui que j'ai pour Dieu. Plus je suis attaché au monde et à son système (c'est-à-dire la convoitise des yeux, la convoitise de la chair et l'orgueil de la vie), moins je suis un vase sanctifié. Plus j'ai de l'amour pour Dieu (Père, Fils, Saint-Esprit), moins j'ai de l'amour pour le monde et plus je suis un instrument prêt pour mon Maître. Dans le prix de la sanctification, nous pourrons être incompris, rejetés, haïs, insultés et même persécutés. Toutes ces choses viendront et il va falloir les affronter et les gérer avec la sagesse divine. Le prix à payer peut nous coûter notre travail, nos hobbies, passions, rêves, profession, famille, sommeil, santé parfois (des jeûnes incessants et réguliers sollicitant souvent le corps peuvent rendre malade mais une bonne maladie car le corps se purifie *(lorsque cela est fait en Esprit et pas dans la chair* 😊 *)*, amitié, plaisirs et autres. Jean Baptiste s'est complètement détaché du monde pour le désert ; cela veut dire qu'il était isolé, sans famille, sans amis, sans distractions ni plaisirs de jeunesse, jeux vidéo (😊), télévision, toutes ces choses qui ne sont pas nécessairement mauvaises mais qui sont des freins, des barrières pour une consécration efficace.

Regard sur les niveaux de consécration, prix demandé et récompenses :

Quand on parle du prix à payer, le mot qui doit nous venir à l'esprit est le mot *sacrifice*. La définition du mot sacrifice dans le dictionnaire Larousse :

- Offrande à une divinité et, en particulier, immolation de victimes.

- Effort volontairement produit, peine volontairement acceptée dans un dessein religieux d'expiation ou d'intercession.

- Renoncement volontaire à quelque chose, perte qu'on accepte, privation, en particulier sur le plan financier : *Faire de grands sacrifices pour ses enfants.*

(Source : https://www.larousse.fr/dictionnaires/francais/sacrifice/70455)

Dans les Écritures, on parle de Jésus comme l'Agneau de Dieu qui ôte le péché du monde (**Jean 1.29**). L'Agneau de Dieu renvoie à la réalité des sacrifices de l'Agneau à Pâques et aussi les différents sacrifices qui étaient faits dans l'Ancienne

Alliance pour satisfaire le cœur de Dieu. Dans le Livre de Lévitiques, le Seigneur Dieu a commandé à Moïse de rédiger toutes les démarches saintes relatives aux sacrifices à offrir à l'Éternel. C'est dans ces prescriptions divines que nous allons comprendre et connaître la portée du sacrifice, son importance et ses effets. Dieu, dans Son amour et miséricorde, nous a donné tout ceci pour que nous puissions faire cela comme Lui Il le ferait. Je ne suis pas en train de dire que Dieu offrirait des sacrifices, mais que tout ce que Dieu nous a donné, c'est que nous puissions faire les choses comme Lui (**Matthieu 7.12 [LSG]**). Les commandements ne sont pas un fardeau, mais une excellence de style de vie donné par le Dieu Parfait et Excellent pour que nous puissions faire Son plaisir en étant comme Lui en moralité et actes (**Romains 8.29**). Dans le Livre de Lévitiques, Dieu nous a donné la sagesse nécessaire pour faire et comprendre les sacrifices qui Lui sont d'une bonne odeur, c'est-à-dire des actes d'amour qui Lui plaisent.

La portée du sacrifice passe par la compréhension de :

- Notre être entier : esprit + âme + corps, le tabernacle de L'Éternel *(1 Corinthiens 6.19)*

- Le culte rationnel dans Romains 12.1

- Les sacrifices et offrandes dans le livre de Lévitiques *(Lévitiques 1-3)*

La connaissance de notre être entier et la compréhension des offrandes et sacrifices de l'Éternel vont nous aider à dégager les éléments importants concernant le prix à payer.

1. **Comprendre notre être entier : esprit + âme + corps** (*1 Corinthiens 6.19*)

La Bible dit que nous sommes le temple de Dieu ou le tabernacle de Dieu. Donc si je veux comprendre le temple que je suis, l'étude du tabernacle de Dieu est appropriée parce que dans la Nouvelle Alliance, c'est le temple de l'homme qui est le lieu d'adoration comme était le temple de l'Éternel dans l'Ancienne Alliance.

Les parties du tabernacle : image du tabernacle

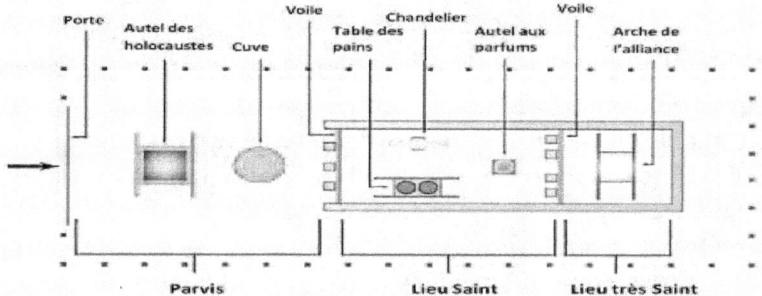

Source : https://levigilant.com/symbolisme tabernacle/symbolisme_tabernacle.html

Puisque notre corps est le tabernacle de Dieu, alors il y a une analogie entre le tabernacle de Dieu et notre être entier. En définissant de façon concise cette analogie, nous allons mieux comprendre l'adoration, le sacrifice à Dieu et comment cela agit dans nos vies lorsque nous offrons à Dieu un culte raisonnable en nous sanctifiant pour Lui.

Les trois partis du tabernacle forment un tout : parvis + lieu saint + lieu très saint *(Hébreux 9.1-5)*.

L'homme a trois parties : esprit + âme + corps *(1 Thessaloniciens 5.23)*.

Dans le parvis, on a : porte + autel des holocaustes + cuve + voile. Les trois parties communiquent l'une avec l'autre par les rideaux/voiles. Le lieu saint et le lieu très saint sont après les rideaux/voiles. Ces deux lieux saints combinés sont appelés la tente d'assignation. Une vue latérale du tabernacle ne nous permet pas de voir la tente d'assignation, mais juste les contours du tabernacle. C'est pareil avec notre corps, on n'en voit que les parties visibles à l'œil nu constituées du squelette et de tous les muscles, nerfs, organes et autres. Tout ce qu'on voit et touche.

Notre être n'est pas simplement matériel ; il a une partie immatérielle. La partie matérielle est le corps humain (chair + squelette, tout ce qui est cellulaire, les os étant également des cellules). Donc ainsi : âme + esprit forment la partie immatérielle. Dans la partie immatérielle se trouvent nos sens et facultés à raisonner, penser, choisir, aimer, haïr, tout ce qui est émotionnel et moral. Ces composantes immatérielles sont réelles bien qu'étant invisibles à l'œil nu. Nos sens sont réels et c'est ce qui nous connecte avec le monde physique : la vue pour voir, la langue pour goûter, la peau pour les sensations, les oreilles pour écouter, le nez pour sentir. Tout est connecté. La Bible dit qu'un corps sans esprit est mort *(Jacques 2.26 LSG)*. On ne peut pas séparer les trois parties de notre être sinon c'est incomplet et cela est également valable pour le tabernacle de Dieu. Si une seule partie manque, on ne parle plus de tabernacle.

2. Comprendre le sacrifice spirituel de nos membres et facultés est appelé par Paul « culte raisonnable » (Romains 12.1)

Nous devons comprendre le culte rationnel parce que c'est cela qui nous permet de faire la connexion entre les sacrifices de l'Ancienne Alliance et leur application dans la Nouvelle Alliance en Jésus-Christ.

Il est important et intéressant de remarquer que les sacrifices ne se font que dans le Parvis, et pas à l'intérieur. C'est sur l'autel que la chair est coupée, l'animal décapité, éventré, dépecé, débarrassé de ces boyaux et placé là pour être brûlé.

Ceci est une image de notre sacrifice, la mortification de la chair, la corruption par l'épée et le feu du Saint-Esprit par amour pour Jésus.

La compréhension de la composition du tabernacle, le rituel du sacrifice et les différentes formes de sacrifices sont les éléments importants pour rendre un culte raisonnable et agréable à notre Père. C'est pour cela qu'une attention particulière sera apportée à ces sacrifices, pour que notre culte à Dieu soit mieux compris et fait dans la Nouvelle Alliance en Christ Jésus. C'est par ce culte à Dieu que nous grandissons dans la consécration car tout ce qui est offert à Dieu n'est plus quelque chose de commun mais de saint.

Romains 12.1

Je vous exhorte donc frères, par les compassions de Dieu, d'offrir votre corps comme un sacrifice vivant, saint, agréable à Dieu, ce qui sera pour vous un culte raisonnable.

Les mots-clés dans ce verset sont : corps, sacrifice vivant, saint, agréable à Dieu, culte, raisonnable, Dieu. Nous devons comprendre que notre corps doit être offert à Dieu, pas à un homme, une idole, une philosophie, un concept, une croyance. Il est important de préciser que l'offrande doit être faite à Dieu parce que c'est Dieu le centre de la vie d'une personne juste qui sait qui est Dieu pour lui/elle et ce qu'il/elle est pour Dieu. L'Apôtre Paul parle ici à des personnes qui ont été régénérées par l'Esprit de Dieu et qui font partie de la famille de Dieu. Si vous faites une étude ou lisez des commentaires sur le livre de Romains, vous verrez que Paul parle à toutes les catégories d'hommes :

- Tous les hommes (**Romains 1.18-22 ; Romains 3.21-25**)
- Les incroyants (**Romains 2.17**)

- Les Juifs (j'entends par Juifs tous les descendants d'Abraham dans la chair ; **Romains 2.17-21**)
- Les régénérés, également appelés filles ou fils de Dieu **(Romains 12.1)**

Note : Les versets donnés ici ne sont pas les seuls qu'on pourrait citer pour soutenir chaque groupe, il en y a d'autres.

Dans les versets 1 à 2 de Romains 12, le Saint-Esprit par l'apôtre Paul nous donne le cheminement spirituel qu'il faut suivre pour présenter son corps à Dieu, le toucher par notre intelligence et connaître Sa volonté qui est, selon notre niveau de consécration, bonne, agréable ou parfaite. Offrir son corps comme un sacrifice vivant, saint et acceptable demande une compréhension des mots *raisonnable et culte*.

Le mot *raisonnable*.

Raisonnable est le mot grec *logikos*, qui veut dire rationnel. Le mot rationnel a pour racine le mot raison. Et la raison est une faculté mentale. En d'autres termes, notre sacrifice vivant, saint et acceptable doit se faire de façon rationnelle, par la raison, l'intelligence. Maintenant, lorsque l'on parle d'intelligence, ce n'est pas la connaissance d'une matière, avoir des informations sur quelque chose ou quelqu'un. Notre intelligence est la partie immatérielle de notre être avec laquelle nous comprenons ce que nous faisons, avec laquelle nous raisonnons. C'est un organe qui nous permet de réfléchir, d'analyser et de tirer des conclusions. Donc, mon sacrifice est fait avec une compréhension claire et véritable de qui est Dieu et de ce que je suis en train de lui donner en cet instant.

Le mot *raisonnable* a également pour racine le mot grec logos qui signifie parole, discours, déclaration. Cette deuxième information nous dit encore comment ce sacrifice se fait. Il se fait par la parole, en disant à Dieu ce qu'on lui offre et qu'on aime le fait de lui offrir notre corps.

Le mot service, c'est le mot latreia qui veut dire ministère, service et adoration vouée à Dieu (Source : G2999 λατρεία latreia [la-trei'-a] *Ministere*, i.e. au service et adoration de Dieu. [from G3000]KJV : (divine) service Root(s): G3000, The WORD App). Le mot service met l'accent une fois de plus sur la personne à qui notre sacrifice est fait.

Donc, si nous voulons résumer en quelques mots la manière avec laquelle nous offrons notre corps à Dieu : ce sacrifice vivant, saint et acceptable, se fait par nos paroles d'adoration à Dieu avec notre intelligence, la compréhension, la révélation donnée par le Saint-Esprit au travers des Écritures. La Bible dit dans le **Psaumes 47.7** : « **Dieu est Roi de toute la terre, chantez avec intelligence** » (**Darby**). Dans certaines versions comme la King James et la New King James, le mot pour intelligence est *understanding* qui veut dire la révélation donnée par l'Esprit. La révélation peut s'obtenir de plusieurs manières :

- Soit directement par Dieu lui-même *(Exode 3.13-15 ; Jean 4.25-26 ; Jean 11.25-26 ; 1 Timothée 4.1)*

- Soit par accumulation d'informations venant de la parole de Dieu *(Proverbes 25.2 ; Matthieu 7.7)*

- Soit par un songe, une vision venant de Dieu *(Job 33.14-18 ; Matthieu 1.20)*

C'est en s'appuyant sur la révélation divine qu'on s'offre à Dieu comme un sacrifice vivant, saint, acceptable.

Cette manière d'offrir son corps par un culte raisonnable à Dieu n'est pas une chose nouvelle instituée par Dieu dans la Nouvelle Alliance. Au contraire, c'est une application rationnelle de ce que Dieu avait déjà dit dans l'Ancienne Alliance. En d'autres termes, les principes saints qui régissent les offrandes dans l'Ancien Testament sont les mêmes principes que nous utilisons dans la Nouvelle Alliance, mais cette fois c'est plus l'animal qui est présenté avec ses entrailles et ses membres mais notre propre être entier. Gloire au Seigneur Jésus qui nous donne l'intelligence pour que nous puissions connaître le véritable Dieu. En Jésus-Christ nous sommes dans le véritable Dieu et la vie éternelle ! *(1 Jean 5.20.)*

Dans le Livre de Lévitiques, le Seigneur a donné à Moïse les différentes démarches à suivre pour l'holocauste, l'offrande et les différents sacrifices (actions de grâces, expiations, culpabilité). Ces sacrifices sont encore d'actualité aujourd'hui, mais de façon spirituelle, plus avec les animaux mais avec notre être entier. Ce qui était écrit concernant les animaux nous concerne aujourd'hui et c'est vrai. Paul a donné l'interprétation spirituelle de « on ne musèlera pas un bœuf qui laboure » et il dit que cela a été écrit pour nous *(1 Corinthiens 9.7-10)*. Donc, en considérant ces différents sacrifices et offrandes, on a une description décrivant et expliquant comment s'approcher de Dieu et s'offrir à Dieu.

Le sacrifice doit être vivant saint, agréable à Dieu. C'est la combinaison d'un culte raisonnable :

Sacrifice vivant : qui vit, né(e) de la semence de la vie
Saint : mis à part par et pour Dieu

Agréable à Dieu : le mot agréable est souvent lié au goût, à la saveur. On peut dire que quelque chose est bon ou mauvais en fonction de son aspect physique, mais également de sa saveur. Il y a quelque temps, je regardais un programme de pâtissiers amateurs où les participants devaient réaliser une pâtisserie avec des ingrédients qui leur étaient donnés et devaient être notés à la fin. Les juges se basaient non seulement sur la maquette de la pâtisserie mais surtout sur son goût. Dieu est le Juge, c'est celui qui connaît nos vraies intentions et motivations et donc il est le seul qui peut vraiment dire ce qui est agréable. Donc notre sacrifice doit être non seulement vivant et saint, mais il doit contenir la saveur, le goût qui va pouvoir égayer "les papilles" de Dieu. Or, dans l'Ancienne Alliance, Dieu a donné au peuple un élément essentiel qui ne devait jamais manquer dans une offrande, et cet élément est le SEL. En d'autres termes, tous nos sacrifices doivent être assaisonnés par le SEL.

Qu'est-ce que le SEL ?

Il s'agit là d'une question essentielle, car c'est elle qui donne tout le poids à notre sacrifice. De la même manière que l'assaisonnement d'une sauce lui donne la saveur recherchée, et que le SEL est ce qui donne le goût sinon la sauce est fade, l'apport du SEL spirituel à notre offrande à Dieu est d'une bonne odeur et digne de LUI. Pour répondre à la question « Qu'est-ce que le SEL ? », nous devons trouver où le mot SEL est employé et voir ce que cela veut dire.

Dans Matthieu 5.13, Jésus dit que

« Nous sommes le Sel de la terre ».

Dans mon livre *Qui je suis en Christ*, page 13-14, on trouve une définition du SEL. Le SEL, c'est le signe de l'alliance avec Dieu. Mais cela ne nous donne pas une définition compréhensive du SEL.

Dans 1 Corinthiens 13.3, on lit :

« ³ Et si je distribue tous mes biens aux pauvres, si même je livre mon corps aux flammes, mais que je n'ai pas l'amour, cela ne me sert à rien »(S21).

Ce passage nous parle également de l'offrande de corps qui est le sujet qui nous intéresse dans ce cas. Le Saint-Esprit nous dit : « si même je livre mon corps aux flammes, mais que je n'ai pas l'amour, cela ne me sert à rien. » Ce n'est pas l'offrande qui est le plus important mais ce par quoi cela est fait. Dans le chapitre 13 du Premier Épître aux Corinthiens, l'Apôtre Paul nous parle de l'Amour, il le compare avec tous les autres dons et qualités spirituels que les enfants de Dieu peuvent posséder et nous dit que c'est l'Amour qui est le plus grand de tous *(1 Corinthiens 13.8,13)*. La valeur ou la portée de ce que nous faisons est qualifiée et quantifiée par l'Amour, sans l'Amour tout est vain. Il est ici question de l'Amour agapé, l'Amour sans condition ou encore l'Amour sacrificiel. Il dit que c'est l'Amour qui donne un sens à ce que l'on peut faire, que ce soit la révélation, la sagesse, l'interprétation de n'importe quel mystère inconnu. Si on n'a pas l'Amour, on n'a rien. Si on connecte cela avec le verset 1 du chapitre 12 de Romains, on comprend que le sacrifice – bien qu'il soit saint et vivant - nécessite, pour être accepté, l'ingrédient le plus important qui est l'Amour. Le SEL que Dieu demande dans tous nos sacrifices comme il l'a toujours fait, même dans l'Ancienne Alliance, pour offrir un sacrifice agréable, c'est l'AMOUR SACRIFICIEL OU l'AMOUR AGAPE. Donc pour un sacrifice vivant, saint, agréable à Dieu, c'est une offrande faite avec Amour. Ce n'est pas le fait que Jésus meurt sur la croix qui nous rend juste par la foi dans Son sang, mais c'est le fait qu'il se soit sacrifié avec Amour, volontairement. Jésus a déversé tout Son amour à la croix pour les hommes *(Jean 10.17-18)*

> [17] Le Père M'aime, parce que Je donne ma vie, afin de la reprendre.
>
> [18] Personne ne Me l'ôte, mais Je la donne de moi-même ; J'ai le pouvoir de la donner, et J'ai le pouvoir de la reprendre : tel est l'ordre que J'ai reçu de mon Père (LSG).

Éphésiens 5.1-2

> [1] Soyez donc les imitateurs de Dieu, puisque vous êtes Ses enfants bien-aimés,

² *et vivez dans l'amour en suivant l'exemple de Christ, qui nous a aimés et qui S'est donné Lui-même pour nous comme une offrande et un sacrifice dont l'odeur est agréable à Dieu.*

Dans l'Ancienne Alliance, on devrait offrir un animal (bœuf, brebis, agneau, bouc, pigeon...) vivant, sans défaut (saint) et suivre tout le rituel du culte pour qu'il soit de bonne odeur et agréable devant l'Éternel. L'Éternel a prescrit cela non pour ennuyer Israël, mais pour qu'Israël l'adore en Esprit et en Vérité. S'approcher de l'Éternel est une révérence à Son autorité, à Sa notoriété, à Sa sainteté et cela ne doit pas se faire n'importe comment et par n'importe qui. L'homme a été créé à l'image de Dieu donc il y a des principes que l'homme a mis sur la terre qui sont les vestiges de la pensée de Dieu en lui. Que dis-je par-là ? C'est que même nos autorités, présidents, rois, ministres et ducs, nous ne les approchons pas d'une manière désordonnée ; il y a un protocole, une procédure pour obtenir une audience auprès de ces autorités. La Bible dit que toute autorité est instituée par Dieu et que ceux qui désobéissent aux autorités désobéissent à l'ordre de Dieu (Romains 13). En d'autres termes, si je dois passer par un protocole pour obtenir une audience auprès d'une autorité instituée par Dieu et qui Le représente, combien plus ne devrais-je pas également suivre une procédure pour aller auprès de l'Autorité des autorités ? L'Éternel on ne s'approche pas de Lui n'importe comment car il y a une manière respectueuse d'entrer dans Sa présence et nous devons honorer cela et le faire avec joie et amour. Le culte raisonnable et agréable à Dieu est un panache de révérence et de don de soi. La révérence est le respect de l'autorité dans le respect des procédures et le don de soi, la bonne volonté et la disposition de le faire pour Lui être agréable et remplir les conditions demandées.

3. Les sacrifices et offrandes dans le livre de Lévitiques Lévitiques 1 - 3

A- Holocauste : Lévitiques 1.1-17

Versets 4-9 :

⁴ Il posera sa main sur la tête de l'holocauste, qui sera agréé de l'Éternel, pour lui servir d'expiation.

⁵ Il égorgera le veau devant l'Éternel ; et les sacrificateurs, fils d'Aaron, offriront le sang, et le répandront tout autour sur l'autel qui est à l'entrée de la tente d'assignation.

⁶ Il dépouillera l'holocauste, et le coupera par morceaux.

⁷ Les fils du sacrificateur Aaron mettront du feu sur l'autel, et arrangeront du bois sur le feu.

⁸ Les sacrificateurs, fils d'Aaron, poseront les morceaux, la tête et la graisse, sur le bois mis au feu sur l'autel.

⁹ Il lavera avec de l'eau les entrailles et les jambes ; et le sacrificateur brûlera le tout sur l'autel. C'est un holocauste, un sacrifice consumé par le feu, d'une agréable odeur à l'Éternel.

- On a tout le rituel d'offrande pour l'holocauste concernant le gros bétail :

Verset 4 :

Il posera sa main sur la tête de l'holocauste, qui sera agréé de l'Éternel, pour lui servir d'expiation = quand on pose les mains sur la tête de l'animal, on lui transmet nos péchés pour expiation, c'est la repentance, confesser ses péchés devant Dieu et demander son pardon *(1 Jean 1.9a)*.

Verset 5 c :

Il égorgera le veau devant l'Éternel ; et les sacrificateurs, fils d'Aaron, offriront le sang, et le répandront tout autour sur l'autel qui est à l'entrée de la tente d'assignation = reconnaître qu'on a péché et qu'on a besoin de la miséricorde de Dieu. Les fils d'Aaron qui répandent le sang sur l'autel, c'est le cœur purifié par le sang de Jésus *(1 Jean 1.9b [purifié de toute iniquité])*.

Versets 6-8 :

6 Il dépouillera l'holocauste, et le coupera par morceaux. 7 Les fils du sacrificateur Aaron mettront du feu sur l'autel, et arrangeront du bois sur le feu. 8 Les sacrificateurs, fils d'Aaron, poseront les morceaux, la tête et la graisse, sur le bois mis au feu sur l'autel : découper le veau en morceau, la tête et la graisse sur le bois brûlant = conscience lavée, tout ce qui est souillé dans notre conscient et subconscient.

Verset 9 :

Il lavera avec de l'eau les entrailles et les jambes ; et le sacrificateur brûlera le tout sur l'autel. C'est un holocauste, un sacrifice consumé par le feu, d'une agréable odeur à l'Éternel. : les entrailles, les pattes sont lavées avant d'être brûlées, ce sont les dépôts intestinaux (excréments), tout ce que les pattes ont pu fouler par les animaux (terre, boue, tout ce qui est sale) = ce sont les impuretés physiques (ce qu'on a fait par nos actions : mangé, dit, ruminé, endroits fréquentés). Cette purification est spirituelle et peut même être physique. Nos entrailles spirituelles sont lavées de même que nos entrailles biologiques. La purification biologique est souvent observée pendant ou après un jeûne avec prière.

Donc, au vu de tout ceci, on comprend qu'une offrande d'holocauste a un impact spirituel et physique sur notre être.

De l'imposition des mains à la consumation de l'animal, on voit que les choses faites dans l'Ancienne Alliance sont exactement les mêmes refaites par la foi ou en Esprit dans la Nouvelle Alliance : confession des péchés et demande du pardon -> purification de toute iniquité -> purification de la conscience et du subconscient -> purification des impuretés spirituelles et physiques.

B- Sacrifice d'action de grâces :

Comme son nom l'indique, ce sont des actions de grâces au Seigneur, pour ce qu'il a fait, ce qu'il fait et ce qu'il fera dans nos vies, familles, églises, relations, nations et ennemis. Quand nous sommes dans les actions de grâces, notre être est également visité par l'Esprit de Dieu pour nous sanctifier, car nous faisons la volonté de Dieu *(1 Thessaloniciens 5.18 [LSG])*.

Lévitiques 3.1-5

¹ Lorsque quelqu'un offrira à l'Éternel un sacrifice d'actions de grâces : S'il offre du gros bétail, mâle ou femelle, il l'offrira sans défaut, devant l'Éternel.

² Il posera sa main sur la tête de la victime, qu'il égorgera à l'entrée de la tente d'assignation ; et les sacrificateurs, fils d'Aaron, répandront le sang sur l'autel tout autour.

³ De ce sacrifice d'actions de grâces, il offrira en sacrifice consumé par le feu devant l'Éternel : la graisse qui couvre les entrailles et toute celle qui y est attachée ;

⁴ les deux rognons, et la graisse qui les entoure, qui couvre les flancs, et le grand lobe du foie, qu'il détachera près des rognons.

⁵ Les fils d'Aaron brûleront cela sur l'autel, par-dessus l'holocauste qui sera sur le bois mis au feu. C'est un sacrifice consumé par le feu, d'une agréable odeur à l'Éternel.

Versets 1-2 :

Lorsque quelqu'un offrira à l'Éternel un sacrifice d'actions de grâces : S'il offre du gros bétail, mâle ou femelle, il l'offrira sans défaut, devant l'Éternel. ² Il posera sa main sur la tête de la victime, qu'il égorgera à l'entrée de la tente d'assignation ; et les sacrificateurs, fils d'Aaron, répandront le sang sur l'autel tout autour = confession + purification des péchés.

Versets 3-5 :

³ De ce sacrifice d'actions de grâces, il offrira en sacrifice consumé par le feu devant l'Éternel : la graisse qui couvre les entrailles et toute celle qui y est attachée ; ⁴ les deux rognons, et la graisse qui les entoure, qui couvre les flancs, et le grand lobe du foie, qu'il détachera près des rognons. ⁵ Les fils d'Aaron brûleront cela sur l'autel, par-dessus l'holocauste qui sera sur le bois mis au feu. C'est un sacrifice consumé par le feu, d'une agréable odeur à l'Éternel : les entrailles, rognons, flancs, grand lobe du foie + la graisse qui sont brûlés sur l'auteur pas l'animal : le feu qui brûle la graisse qui est sur les entrailles, rognons, flancs, grand lobe du foie représente la purification interne, une action interne de l'Esprit de Dieu qui nous purifie et qui, par conséquent, nous donne la force, la force de l'homme intérieur, la solidité. La graisse représente le surpoids – le surplus dans ce cas –, et peut aussi représenter l'abondance dans d'autres. Donc, le surpoids est enlevé, la lourdeur, la nonchalance, la paresse. Dans mon culte raisonnable et agréable par les actions de grâces, le Saint-Esprit peut enlever un fardeau ou une lourdeur qui m'empêche d'entrer dans le sanctuaire spirituel ou casser une oppression de l'ennemi sur

mon esprit. Les entrailles , rognons, flancs, grand lobe du foie sont les parties de notre thorax + abdomen, la partie qui porte la cuirasse de justice. Or, la cuirasse de justice protège notre cœur naturel et tout ce qui est dans l'abdomen et le thorax. Donc, dans la Nouvelle Alliance, lorsque nous faisons les actions de grâces, nous rendons non seulement un culte agréable à Dieu mais cela nous protège également. L'action de grâce est une reconnaissance qui nous protège du manque de reconnaissance et surtout des flèches de l'orgueil. Le cœur orgueilleux est un cœur qui ne rend pas grâce, il s'attribue tout et ne reconnaît pas la bonté et la miséricorde de Dieu dans ce qu'il fait et a pu recevoir ; tout le mérite lui revient. Le cœur orgueilleux ne rend pas un culte agréable à l'Éternel et ainsi, il s'expose à toute flèche d'orgueil (ou autre) et devient vulnérable et faible.

Que pouvons-nous dire au vu de tout ceci, si ce n'est que la sagesse de Dieu est insondable et au-delà de la sagesse des hommes et des anges ?

C- L'offrande pour le péché

- Dans ce cas, l'Éternel a distingué les catégories de personnes avec des instructions spécifiques pour chacun. Cette offrande nous donne la démarche spirituelle pour le pardon des péchés dans l'Ancienne Alliance qui se fait spirituellement dans la Nouvelle Alliance. Cette démarche nous donne ce à quoi on doit s'attendre lorsque nous confessons réellement nos péchés de façon sincère. Les catégories sont : le sacrificateur consacré, toute l'assemblée, un chef/un leader ou un ancien, une personne de l'assemblée.

1. **Le sacrificateur consacré**

L'Éternel parla à Moïse, et dit :

« ² Parle aux enfants d'Israël, et dis : Lorsque quelqu'un péchera involontairement contre l'un des commandements de l'Éternel, en faisant des choses qui ne doivent point se faire ;

³ Si c'est le sacrificateur ayant reçu l'onction qui a péché et a rendu par là le peuple coupable, il offrira à l'Éternel, pour le péché qu'il a commis, un jeune taureau sans défaut, en sacrifice d'expiation.

⁴ Il amènera le taureau à l'entrée de la tente d'assignation, devant l'Éternel ; et il posera sa main sur la tête du taureau, qu'il égorgera devant l'Éternel.

⁵ Le sacrificateur ayant reçu l'onction prendra du sang du taureau, et l'apportera dans la tente d'assignation ;

⁶ il trempera son doigt dans le sang, et il en fera sept fois l'aspersion devant l'Éternel, en face du voile du sanctuaire.

⁷ Le sacrificateur mettra du sang sur les cornes de l'autel des parfums odoriférants, qui est devant l'Éternel dans la tente d'assignation ; et il répandra tout le sang du taureau au pied de l'autel des holocaustes, qui est à l'entrée de la tente d'assignation.

⁸ Il enlèvera toute la graisse du taureau expiatoire, la graisse qui couvre les entrailles et toute celle qui y est attachée,

⁹ les deux rognons, et la graisse qui les entoure, qui couvre les flancs, et le grand lobe du foie, qu'il détachera près des rognons.

¹⁰ Le sacrificateur enlèvera ces parties comme on les enlève du taureau dans le sacrifice d'actions de grâces, et il les brûlera sur l'autel des holocaustes.

¹¹ Mais la peau du taureau, toute sa chair, avec sa tête, ses jambes, ses entrailles et ses excréments,

¹² le taureau entier, il l'emportera hors du camp, dans un lieu pur, où l'on jette les cendres, et il le brûlera au feu sur du bois : c'est sur le tas de cendres qu'il sera brûlé. » (Lévitiques 4.1-12 LSG).

- **Le sang est apporté dans la tente d'assignation et répandu sur l'autel de parfum, le voile, et au pied de l'autel des holocaustes à l'extérieur de la tente d'assignation donc dans le parvis :** c'est une purification effectuée à l'intérieur du tabernacle et à l'extérieur, donc cela veut dire que ces deux endroits doivent être purifiés car ils ont été pollués. Donc, dans la Nouvelle Alliance, lorsque le sacrificateur a péché (c'est-à-dire que l'intérieur d'un fils ou d'une fille de Dieu est atteint), son esprit et son âme sont pollués, de même que son corps. Jésus a dit que c'est ce qui sort du cœur de l'homme qui le souille, c'est-à-dire que tout ce qui est contraire à la parole de Dieu que nous faisons nous souille. Il y a des conséquences spirituelles et physiques.

- **Dans le rituel de l'offrande, le sang est mis à des endroits spécifiques :** face du voile du sanctuaire : le voile, c'est la conscience et l'intelligence. 7 fois l'aspersion, c'est-à-dire que cette aspersion purifie parfaitement notre intelligence et conscience.

- **Autel de parfum :** le cœur. Le parfum représente les prières des saints *(Révélation 8.4)*. Donc cet autel, c'est la confidence ou mon assurance dans la prière, l'attitude d'offrir à Dieu des sacrifices de bonne odeur mais d'une autre dimension, différente de l'autel des holocaustes.

- **Sang au pied de l'autel des sacrifices :** c'est la purification profonde de toute racine du mal, le déracinement des semences du mal dans notre âme/corps apporté par le péché.

- **Les graisses et les parties abdominales et du thorax sont brûlées sur l'autel, mais le reste de l'animal est brûlé à l'extérieur du camp.** Ici, je comprends que les parties de l'abdomen et du thorax qui sont brûlées, c'est notre homme intérieur qui est purifié. Le reste, brûlé à l'extérieur, cela peut montrer le pardon, « l'éloignement des œuvres injustes de la face de l'Éternel », la purification totale de notre être.

Le pardon est total et la purification également. L'Éternel nous montre ici que dans la Nouvelle Alliance, lorsque nous confessons nos péchés avec la sincérité du cœur, il nous purifie complètement et cela dans les moindres détails. Gloire au Seigneur Jésus *(1 Jean 1.9)*. C'est un passage avec lequel je me suis souvent demandé – avant d'en avoir la révélation dans Lévitiques –, comment puis-je être sûr que Dieu m'a vraiment pardonné et purifié ? La réponse que l'on entend souvent c'est que tu crois par la foi. J'avoue que cela n'était pas évident pour moi parce que j'aime tout comprendre et être sûr de ce que je fais. Lorsque j'ai compris le rituel de purification dans Lévitiques, alors je me suis dit : « Voilà, l'Éternel me purifie réellement comme il l'a déjà dit dans l'Ancienne Alliance. » L'Éternel nous a tout donné et expliqué mais de façon cachée parfois, car c'est Sa gloire de cacher les choses et la nôtre, c'est de les sonder et ensuite de nous réjouir quand le Saint-Esprit nous ouvre les trésors infinis et splendides de la sublime Parole divine de notre Seigneur.

2. Toute l'assemblée

Pour bien comprendre cette section, on doit avoir en tête qu'Israël, ici, c'est non seulement une assemblée mais c'est aussi une nation, ou un état, un pays car il s'agit d'un groupe de personnes ayant une loi, une organisation et vivant en communauté.

¹³ Si c'est toute l'assemblée d'Israël qui a péché involontairement et sans s'en apercevoir, en faisant contre l'un des commandements de l'Éternel des choses qui ne doivent point se faire et en se rendant ainsi coupable,

¹⁴ et que le péché qu'on a commis vienne à être découvert, l'assemblée offrira un jeune taureau en sacrifice d'expiation, et on l'amènera devant la tente d'assignation.

¹⁵ Les anciens d'Israël poseront leurs mains sur la tête du taureau devant l'Éternel, et on égorgera le taureau devant l'Éternel.

¹⁶ Le sacrificateur ayant reçu l'onction apportera du sang du taureau dans la tente d'assignation ;

¹⁷ il trempera son doigt dans le sang, et il en fera sept fois l'aspersion devant l'Éternel, en face du voile.

¹⁸ Il mettra du sang sur les cornes de l'autel qui est devant l'Éternel dans la tente d'assignation ; et il répandra tout le sang au pied de l'autel des holocaustes, qui est à l'entrée de la tente d'assignation.

¹⁹ Il enlèvera toute la graisse du taureau, et il la brûlera sur l'autel.

²⁰ Il fera de ce taureau comme du taureau expiatoire ; il fera de même. C'est ainsi que le sacrificateur fera pour eux l'expiation, et il leur sera pardonné.

²¹ Il emportera le taureau hors du camp, et il le brûlera comme le premier taureau. C'est un sacrifice d'expiation pour l'assemblée (Lévitiques 4.13-21 LSG).

La chose importante ici est que

¹⁵ Les anciens d'Israël poseront leurs mains sur la tête du taureau devant l'Éternel, et on égorgera le taureau devant l'Éternel.

On aurait pensé que ce serait toute l'assemblée mais ce sont les anciens, donc les leaders spirituels qui ont imposé les mains pour le pardon de tout le peuple. Dans la Nouvelle Alliance, pour que nous puissions voir la miséricorde de l'Éternel agir puissamment dans les cœurs des gens, les leaders spirituels (les ministres de Jésus, apôtres, prophètes, évangélistes, pasteurs et enseignants) d'une seule âme et pensée doivent se réunir et demander pardon pour la nation. Ceci est valable pour une église locale, une famille, une maison. Les leaders de chaque groupe doivent être d'une même âme et se mettre à genoux devant le trône de Grâce pour le pardon des péchés et voir la main de Dieu dans la nation, l'église locale, la famille ou la maison. Le résultat de cette action est puissant et va engendrer une action puissance du Saint-Esprit dans les cœurs et on pourra voir des miracles de conversion et de repentance.

3. **Un chef, un leader ou un ancien**

²² Si c'est un chef qui a péché, en faisant involontairement contre l'un des commandements de l'Éternel, son Dieu, des choses qui ne doivent point se faire et en se rendant ainsi coupable,

²³ et qu'il vienne à découvrir le péché qu'il a commis, il offrira en sacrifice un bouc mâle sans défaut.

²⁴ Il posera sa main sur la tête du bouc, qu'il égorgera dans le lieu où l'on égorge les holocaustes devant l'Éternel. C'est un sacrifice d'expiation.

²⁵ Le sacrificateur prendra avec son doigt du sang de la victime expiatoire, il en mettra sur les cornes de l'autel des holocaustes, et il répandra le sang au pied de l'autel des holocaustes.

²⁶ Il brûlera toute la graisse sur l'autel, comme la graisse du sacrifice d'actions de grâces. C'est ainsi que le sacrificateur fera pour ce chef l'expiation de son péché, et il lui sera pardonné (Lévitiques 4.22-26 [LSG]).

Dans ce cas, l'aspersion de sang est faite seulement sur les cornes et au pied de l'autel des holocaustes. Mais rien n'est fait dans la tente d'assignation. Ceci deviendra intéressant lorsqu'on va faire une comparaison objective à la fin des études de ces quatre groupes.

4. Une personne de l'assemblée

²⁷ Si c'est quelqu'un du peuple qui a péché involontairement, en faisant contre l'un des commandements de l'Éternel des choses qui ne doivent point se faire et en se rendant ainsi coupable,

²⁸ et qu'il vienne à découvrir le péché qu'il a commis, il offrira en sacrifice une chèvre, une femelle sans défaut, pour le péché qu'il a commis.

²⁹ Il posera sa main sur la tête de la victime expiatoire, qu'il égorgera dans le lieu où l'on égorge les holocaustes.

³⁰ Le sacrificateur prendra avec son doigt du sang de la victime, il en mettra sur les cornes de l'autel des holocaustes, et il répandra tout le sang au pied de l'autel.

31 Le sacrificateur ôtera toute la graisse, comme on ôte la graisse du sacrifice d'actions de grâces, et il la brûlera sur l'autel, et elle sera d'une agréable odeur à l'Éternel. C'est ainsi que le sacrificateur fera pour cet homme l'expiation, et il lui sera pardonné.

32 S'il offre un agneau en sacrifice d'expiation, il offrira une femelle sans défaut.

33 Il posera sa main sur la tête de la victime, qu'il égorgera en sacrifice d'expiation dans le lieu où l'on égorge les holocaustes.

34 Le sacrificateur prendra avec son doigt du sang de la victime, il en mettra sur les cornes de l'autel des holocaustes, et il répandra tout le sang au pied de l'autel.

35 Le sacrificateur ôtera toute la graisse, comme on ôte la graisse de l'agneau dans le sacrifice d'actions de grâces, et il la brûlera sur l'autel, comme un sacrifice consumé par le feu devant l'Éternel. C'est ainsi que le sacrificateur fera pour cet homme l'expiation du péché qu'il a commis, et il lui sera pardonné (Lévitiques 4.27-35 [LSG]).

De même ici, rien n'est fait dans la tente d'assignation mais tout est dans le parvis.

Si on compare les offrandes de ces quatre groupes on constate que : Plus la personne a une position élevée sur l'échelle de l'autorité, plus la bête offerte est coûteuse et son péché affecte une plus grande partie du tabernacle. Ceci veut dire que plus nous avons d'autorité, plus nos actions ont de l'impact, que ce soit négatif ou positif, selon que nous fassions une bonne ou une mauvaise action. Les personnes en position d'autorité doivent davantage se contrôler et être vigilantes dans leur vie car elles ont une grande responsabilité. La Loi d'expiation a été donnée tant pour les sacrificateurs que pour le simple citoyen : en faisant ceci, l'Éternel montre que personne n'est au-dessus de la Loi, qu'il n'y a pas de favoritisme, que tous ont besoin du pardon de l'Éternel quel que soit leur rang. On est tous sujets au jugement de Dieu et de la pénalité du péché peu importe qui on est : le sacrificateur ne peut pas dire que parce qu'il est sacrificateur, il ne doit pas se plier à la Loi et, de même, l'ancien ou le simple citoyen ne peut s'imaginer que parce qu'il n'est pas sacrificateur, il ne doit pas craindre l'Éternel parce qu'il n'est pas aussi consacré que le sacrificateur. L'Éternel a mis tout le monde sur un pied d'égalité concernant l'offrande de péché.

Les sacrifices et les offrandes dans le livre de Lévitiques nous donnent deux aspects très importants à ne pas négliger :

- Notre autorité
- Les conséquences de nos actes : elles peuvent être positives ou négatives

Selon que l'on se consacre, on est habillé par une autorité qui vient de Jésus en fonction de l'appel ou de la position, dont il veut que nous puissions Le représenter. Et dans cette position d'autorité, notre sacrifice et les actions qui vont de pair ont une portée dans nos cœurs et dans les cœurs de ceux qui nous entourent. Notre sacrifice n'est pas vain.

D- les retombées du coût de notre sacrifice

L'Éternel a prescrit les différentes catégories d'animaux à prendre pour l'holocauste : gros bétail, menu bétail, oiseaux. Ces différentes catégories sont données selon les moyens financiers de chacun : le gros bétail pour les plus aisés, le menu bétail pour les moins aisés, les oiseaux pour les pauvres (Lévitique 12.8). Ainsi, les différents animaux sacrifiés vont du plus coûteux au moins coûteux, *autrement dit il y a des coûts dans le sacrifice, le sacrifice coûte.* Les différentes catégories d'animaux varient aussi selon le prix, donc on a des sacrifices plus coûteux que d'autres. *Donc il y a des niveaux de sacrifice, cela implique aussi qu'il y ait des niveaux de consécration.* Pour chaque fils ou fille de Dieu, selon le prix qu'on met dans le sacrifice, c'est le prix qu'on met dans notre consécration et la valeur qu'on se donne à soi-même. Chaque fils ou fille de Dieu a reçu de Christ une grâce à la mesure de l'appel, une mesure de foi à la hauteur de l'appel. Certaines personnes ont une grâce pour une grande consécration et d'autres pour une moindre par rapport à l'autre, mais elles sont toutes égales devant Dieu car devant l'Éternel tous les sacrifices – qu'il s'agisse de gros bétail, de menu bétail ou d'oiseau – ont tous les mêmes résultats : ils Lui sont tous d'une bonne odeur. Ici, je voudrais clarifier quelque chose de très important : ce n'est pas parce que je me consacre plus qu'un(e) autre que je suis plus obéissant(e) que lui/elle ou ce n'est pas parce que je ne me consacre pas comme un(e) autre que je suis moins obéissant(e) que lui/elle. La consécration d'une personne n'est pas celle d'une autre mais les deux auront les récompenses selon la mesure de leurs œuvres s'ils ont travaillé totalement dans la grâce qui leur a été impartie. Si une personne travaille dans toute sa grâce et n'atteint pas le niveau d'une autre personne qui n'a pas travaillé dans toute sa grâce, cette personne a été plus fidèle que la seconde, car elle a utilisé tout ce qu'elle avait à sa disposition. De même, si une personne se limite à un certain niveau de consécration parce qu'elle se dit qu'elle ne doit pas en faire davantage, elle ne travaille pas totalement dans la grâce qui lui a été accordée.

Examinons les différents types d'animaux sacrifiés, l'endroit du sacrifice, et ensuite ce que cela produisait dans la vie de la personne.

Identifications :

Autel de sacrifice = notre cœur

Cuve d'airain remplie d'eau = parole de Dieu

Dans les différents sacrifices, les choses communes sont le lieu de sacrifice, l'aspersion de sang et les conséquences de cela dans la vie de la personne. Dans le tableau ci-dessous, on trouve le récapitulatif de ce qui va suivre :

\# On constate que plus le sacrifice est élevé, plus on se rapproche de la tente d'assignation => le prix de ma consécration va déterminer ma proximité avec Jésus-Christ ; plus le prix est élevé, plus il me rapproche de Sa présence. C'est dans la tente d'assignation que se trouve l'arche qui représente la présence de Dieu.

\# L'aspersion de sang correspond à la purification car tout est purifié par l'aspersion de sang. L'aspersion de sang sur l'autel est la purification de notre cœur. Plus la consécration est importante, plus mon cœur est purifié par le Seigneur ; je suis plus obéissant à Jésus le Messie.

1 Pierre 1.1-2 :

¹ Pierre, apôtre de Jésus-Christ, à ceux qui sont étrangers et dispersés dans le Pont, la Galatie, la Cappadoce, l'Asie et la Bithynie,

² et qui sont élus selon la prescience de Dieu le Père, par la sanctification de l'Esprit, afin qu'ils deviennent obéissants, et qu'ils participent à l'aspersion du sang de Jésus-Christ : que la grâce et la paix vous soient multipliées !

\# Les sacrifices du gros et menu bétail : l'autel est totalement couvert ⓟ un grand impact sur le cœur.

\# Le sacrifice des oiseaux : l'autel est couvert sur un côté ⓟ moins d'impact que les deux premiers.

Ceux qui ne se donnent pas vraiment au Seigneur en payant le prix : leur cœur change à un rythme très lent, ils ont plus tendance à vivre selon le vieil homme. Les niveaux de sacrifices déterminent aussi notre niveau de compréhension et application de la parole de Dieu *(Romains 12.2)*.

Niveau 1 : sacrifice d'oiseau

Sur l'autel : prières primaires basées sur ce qu'ils connaissent de Jésus depuis leur conversion, prières personnelles et très brèves.

Niveau 2 : sacrifice du menu bétail du côté septentrional

Le sang recouvre tout l'autel ⓟ prières profondes, plus importantes que le niveau 1 mais pas basées sur la Parole de Dieu.

Les gens concernés par les deux premiers niveaux ne grandissent pas vite dans le renouvellement de l'intelligence car ils sont avant la cuve d'airain, ne lisent pas très souvent la Parole de Dieu, ne la méditent pas et ne la mettent pas en pratique.

Niveau 3 : sacrifice de gros bétail, devant la tente d'assignation

Ceux-ci méditent la Parole, la comprennent, la mettent en pratique et paient un grand prix. Ils sont lavés par l'eau de la Parole, sont aptes à recevoir de la part de Dieu et entrent dans la présence de Dieu car ils sont plus proches de la tente d'assignation *(1 Jean 5.14-15 LSG)*. C'est à partir de ce niveau que la communion avec le Sauveur commence à être intéressante car on se rapproche de la tente d'assignation, lieu où se déroule le service des sacrificateurs qui est l'image de l'impact de la Parole de Dieu dans l'âme et l'esprit.

Activités dans le Lieu Très Saint (LTS) et le Lieu Saint (LS) : la révélation de la parole vivante, l'intercession selon Christ et marcher dans la présence de Dieu.

Éphésiens 2.18 :

car par Lui nous avons les uns et les autres accès auprès du Père, dans un même Esprit.

Hébreux 4.16 :

Approchons-nous donc avec assurance du trône de la grâce afin d'obtenir miséricorde et de trouver grâce, pour être secourus dans nos besoins.

Plus le prix que je paye est élevé, plus mon niveau de consécration est élevé.

Remarque importante : la consécration n'est pas mesurée par un long temps de prière, de lecture de la Parole ou toute autre activité spirituelle, mais par mon obéissance, ma fidélité et ma soumission à la Parole du Seigneur et à tout ce qu'Il me demande. Ce n'est pas parce que je passe des heures et des heures dans la Parole que je me sanctifie plus que les autres. Ce n'est pas parce que je passe des heures et des heures dans les activités de l'église locale ou des parades d'Évangélisation que je me sanctifie. Se sanctifier, c'est être ce que Dieu veut que je sois et faire ce qu'Il veut que je fasse. Maintenant, dans cette obéissance et soumission au Seigneur, je peux passer des heures à prier, à jeûner ou faire des activités spirituelles car je suis dans ce qu'Il veut que je fasse.

5. Discipline :

2 Timothée 2.4-7 :

4 Il n'est pas de soldat qui s'embarrasse des affaires de la vie, s'il veut plaire à celui qui l'a enrôlé ;

⁵ et l'athlète n'est pas couronné, s'il n'a combattu suivant les règles.

⁶ Il faut que le laboureur travaille avant de recueillir les fruits.

⁷ Comprends ce que je dis, car le Seigneur te donnera de l'intelligence en toutes choses.

1 Timothée 4.8 :

Exerce-toi à la piété ; car l'exercice corporel est utile à peu de chose, tandis que la piété est utile à tout, ayant la promesse de la vie présente et de celle qui est à venir.

Esaïe 50.4-5 :

⁴ Le Seigneur, l'Éternel, m'a donné une langue exercée, pour que je sache soutenir par la parole celui qui est abattu ; Il éveille, chaque matin, Il éveille mon oreille, pour que j'écoute comme écoutent des disciples.

⁵ Le Seigneur, l'Éternel, m'a ouvert l'oreille, et je n'ai point résisté, je ne me suis point retiré en arrière.

La discipline dont je parle ici n'est pas une correction, mais les efforts à mettre en place pour ne pas s'écarter du but à atteindre. La discipline est le garde-fou, c'est ce qui me garde dans la ligne droite et étroite de la sanctification. La discipline est l'orbite de la trajectoire à suivre.

- Dans la discipline sportive, il y a des privations, des sacrifices, la constance et le mental. Quand on veut être discipliné, on refuse toute chose qui peut nous amener à ne pas respecter le planning qu'on s'est donné et les objectifs fixés. Un athlète qui se prépare pour une compétition a un programme établi pour sa préparation, son repos, ses temps de loisirs, la famille et autres et il respecte cela à la lettre. Paul a donné des exemples dans le Livre de Timothée avec un soldat, un athlète, un agriculteur. Je vais m'attarder sur l'agriculteur parce que venant d'une famille qui a pratiqué l'agriculture et fait des travaux champêtres, je sais ce que ça coûte de pouvoir travailler un terrain, le rendre fertile, semer, entretenir la semaille, et récolter. Il faut être discipliné pour avoir une bonne récolte : se lever tôt, travailler avec un planning précis, établir un plan d'action, délimiter la partie à cultiver et la finir, définir les temps de repos, les temps de repas, les temps de rire et surtout veiller sur sa santé. Ma grand-mère, qui était une femme active et organisée, est celle qui nous disait ce qu'il fallait faire, quand et comment. Bien qu'elle fût atteinte d'une maladie lui donnant du surpoids et des problèmes de genoux et d'inflammation des jambes, ma grand-mère était toujours active, et elle était un bon coach car elle montrait l'exemple. Mes frères et moi (nous étions trois garçons et ma petite sœur la seule fille) étions ses soldats. Elle nous mettait dans un régime disciplinaire pour qu'on puisse atteindre les objectifs et voir les fruits de nos efforts. Elle nous encourageait toujours car elle savait que ce n'était pas évident pour nous vu notre jeunesse (14, 9, 7 et 4 ans). Ma grand-mère avait 55 ans environ, mais la chose importante pour elle c'était d'être discipliné : on se couchait tôt : maximum 22 h. On se levait très tôt : 6 h du matin. Dans l'ouest du Cameroun, pour ceux qui ne le savent pas, il fait un froid glacial tôt le matin. C'est comme un matin d'hiver sans la neige à l'extérieur. Il ne doit pas faire plus de 7-10 °C. On ne mangeait qu'une petite ration de pain au petit déjeuner car elle ne voulait pas qu'on soit lourd avant de commencer à travailler. Vers 10h : on pouvait manger des bananes, ou quelque chose juste pour avoir un peu de force et continuer jusqu'à 13h. 13 h-13 h 30 : on mangeait, on digérait et ensuite on reprenait le boulot jusque 16 h-17 h où on finissait les activités champêtres.

Cette discipline rythmée par notre coach - ma grand-mère – portait toujours ses fruits. Nous étions des enfants qui vivions en ville et on allait au village occasionnellement pendant l'année scolaire, mais on y allait pendant presque toutes nos vacances scolaires. Du point de vue de l'expérience et la maîtrise des travaux de champs, nous étions les moins qualifiés pour faire certaines choses parce qu'on ne vivait pas au village. On nous appelait « les Blancs ». Pourquoi les Blancs ? Parce que nous allions dans un village bamiléké et que nous parlions le Français entre nous et avec les enfants du village ; jamais le patois. Avec notre grand-mère, on conversait en *Ewodie* qui est une langue du littoral du Cameroun (car mes grands-parents maternels étaient de tribus différentes). Donc, en tant qu'enfants de la ville, on ne partait pas gagnants pour ce qui était du travail de la terre. Mais grâce à la discipline et au coaching de notre grand-mère, le travail que l'on faisait en équipe surprenait tout le village. Nous étions toujours les premiers à labourer et préparer les champs pour la prochaine semaille et cela avec une grande rapidité et un travail soigné et présentable. Par la discipline et le coaching de notre grand-mère, on a toujours atteint les objectifs fixés et souvent bien au-delà. C'est ainsi, par des années de fidélité et de labeur encadré dans la discipline, que « les Blancs » étaient devenus une référence. On a gagné l'estime de nos voisins du village et ils ont compris que même si nous vivions en ville, nous avions le rythme du travail du village en nous.

Pendant tout le temps que nous pouvions passer au village avec notre grand-mère pendant les vacances, on apprenait et on se disciplinait même sans le savoir pour la suite de notre vie, surtout pour les prochaines rentrées scolaires. Ma grand-mère nous disait toujours : « Le sommeil ne sert à rien, il n'y a pas de diplôme pour le sommeil. »

Sans la discipline, il est impossible de pouvoir atteindre ses objectifs. Si on n'a pas la discipline, on est sujet à l'inconstance, à la procrastination et à l'inachèvement. Jésus avait une discipline de prière matinale, c'est par cela qu'il commençait son ministère. Le ministère extérieur de Jésus était bâti à l'intérieur de sa chambre, je veux dire dans le lieu secret. Esaïe dit que le Seigneur le réveille tous les matins pour cultiver son oreille et sa langue pour le bien non seulement d'Esaïe mais aussi pour les autres. Esaïe a bâti son ministère dans la prière matinale et il était discipliné *(Esaïe 50.4)*.

La discipline doit être dans tous les domaines de celui qui se consacre pour Dieu. Dieu est lui-même discipliné sinon il ne nous disciplinerait pas.

Persévérance :

Luc 8.15 :

Ce qui est tombé dans la bonne terre, ce sont ceux qui, ayant entendu la parole avec un cœur honnête et bon, la retiennent, et portent du fruit avec persévérance.

Hébreux 12.1-6 :

[1] Nous donc aussi, puisque nous sommes environnés d'une si grande nuée de témoins, rejetons tout fardeau, et le péché qui nous enveloppe si facilement, et courons avec persévérance dans la carrière qui nous est ouverte,

² *ayant les regards sur Jésus, le chef et le consommateur de la foi, qui, en vue de la joie qui lui était réservée, a souffert la croix, méprisé l'ignominie, et s'est assis à la droite du trône de Dieu.*

³ *Considérez, en effet, celui qui a supporté contre sa personne une telle opposition de la part des pécheurs, afin que vous ne vous lassiez point, l'âme découragée.*

⁴ *Vous n'avez pas encore résisté jusqu'au sang, en luttant contre le péché.*

⁵ *Et vous avez oublié l'exhortation qui vous est adressée comme à des fils : Mon fils, ne méprise pas le châtiment du Seigneur, et ne perds pas courage lorsqu'il te reprend ;*

⁶ *Car le Seigneur châtie celui qu'il aime, et il frappe de la verge tous ceux qu'il reconnaît pour ses fils.*

La persévérance ne se travaille que lorsqu'il y a une résistance. La persévérance, comme l'a dit notre Messie, c'est ce qui amène le fruit. Dans la consécration, on aura à faire face à beaucoup de résistance : la persécution, la chair, le diable, le découragement, l'abandon, la précipitation, la convoitise et autres. Tous les éléments viendront pour essayer de nous sortir de la consécration mais pour le/la consacré(e), ce sont ces facteurs qui doivent le/la motiver à tenir ferme. Je définis la persévérance dans la consécration comme l'enracinement profond de la racine principale d'un arbre. Dans les périodes hors-saison, l'arbre enfonce davantage ses racines pour pouvoir tirer plus de nutriments afin de garder sa verdure. C'est lorsque le torrent s'abat sur un arbre que l'on voit sa solidité. Dans la consécration, c'est lorsque l'opposition vient que notre enracinement est testé. Le diable viendra pour tester notre consécration et on doit le résister avec une foi ferme, par la parole de Dieu et l'obéissance. Il viendra pour essayer de nous souiller, envoyer des impuretés, des distractions pour nous sortir du feu purificateur. Le Seigneur Jésus a démontré sa persévérance journalièrement et surtout dans sa passion comme il est écrit dans Hébreux 12. Le Seigneur a fait face à la plus grande et farouche résistance à laquelle un être humain puisse faire face, mais la Bible dit qu'il n'a pas péché. Jésus n'a jamais pensé à abandonner, ou à goûter un peu les plaisirs de la chair, le monde. Il a toujours préféré la volonté de Son Père. Dans la vie quotidienne de Jésus, la consécration passe avant toute chose *(Hébreux 12.3)*. Jésus avait une mentalité de martyr : « Je préfère mourir que de désobéir à mon Père » *(Philippiens 2.8)*.

La persévérance est la mentalité du martyr. C'est ce niveau de mental que le corps de Christ doit avoir, cultiver et garder.

6. Constance :

Timothée 4.15-16 :

¹⁵ *Occupe-toi de ces choses, donne-toi tout entier à elles, afin que tes progrès soient évidents pour tous.*

¹⁶ *Veille sur toi-même et sur ton enseignement ; persévère dans ces choses, car, en agissant ainsi, tu te sauveras toi-même, et tu sauveras ceux qui t'écoutent.*

Jean 8.31 :

Et il dit aux Juifs qui avaient cru en lui : Si vous demeurez dans ma parole, vous êtes vraiment mes disciples ;

Philippiens 1.6 :

Je suis persuadé que celui qui a commencé en vous cette bonne œuvre la rendra parfaite pour le jour de Jésus-Christ.

La constance est la continuité, garder l'objectif en vue et ne pas perdre le rythme. La constance est ce qui soutient la persévérance car dans la persévérance on a tendance à ralentir, mais lorsqu'on mêle la constance à la persévérance, on garde le cap. Dans la consécration, la constance c'est se relever et continuer même si on a chuté. Dans la constance, on sait se rattraper, apprendre de ses erreurs, les corriger et avancer. Celui qui n'est pas constant va se décourager et perdre l'objectif. La personne constante dans sa vie est toujours à la hauteur de ce à quoi elle fait face. Jésus a dit que celui qui continue dans la parole connaîtra la vérité et la vérité le rendra libre (Jean 8.32 LSG). Si on est constant, l'amour de la vérité va toujours nous élever même si on tombe car le/la consacré/e sait que son Père lui pardonne et ne le/la condamne pas (1 Jean 1.9). Si on n'est pas constant, régulier dans la consécration, l'établissement sera reporté. La constance a son jumeau, c'est la fidélité.

7. Patience :

Jacques 1.1-4 :

¹ Jacques, serviteur de Dieu et du Seigneur Jésus-Christ, aux douze tribus qui sont dans la dispersion, salut !

² Mes frères, regardez comme un sujet de joie complète les diverses épreuves auxquelles vous pouvez être exposés,

³ sachant que l'épreuve de votre foi produit la patience.

⁴ Mais il faut que la patience accomplisse parfaitement son œuvre, afin que vous soyez parfaits et accomplis, sans faillir en rien.

La patience est l'élément décisif. C'est le déclencheur de la promotion. Lorsqu'on se consacre au service de Dieu et qu'on est patient, cette patience va travailler la maturité et le caractère de Christ en nous qui nous qualifient pour le service. Jacques dit que c'est la patience qui nous rend complets, qui comble nos lacunes. Lorsque j'ai été sauvé par Jésus-Christ, j'étais trop impatient, je me disais : « Jésus revient bientôt donc il faut vite faire les choses. » Je me précipitais, je ne comprenais pas encore Jacques 1.5, jusqu'au jour où le Seigneur dans Sa grâce infinie m'a amené à réaliser que la patience est la chose dont j'avais besoin. La patience est le consolidateur du caractère. Ceux qui manquent de patience se précipitent et tombent dans la disette. Proverbes 21.5 : Les projets de l'homme diligent ne mènent qu'à l'abondance, mais celui qui agit avec précipitation n'arrive qu'à la disette (LSG).

Je compare la patience au temps que met un archer pour tendre la corde de son arc armé et attendre que sa flèche soit bien dirigée vers sa cible afin qu'au moment opportun il puisse lâcher sa flèche et atteindre la cible. L'archer ne se presse pas pour atteindre sa cible, mais il met toutes les chances de son côté pour le faire en une seule fois. C'est dans l'impatience qu'on peut se propulser soi-même avant le temps dans ce que Dieu avait et y entrer étant immature et agir comme le fils prodigue qui a dilapidé tout son héritage. En d'autres termes, on n'est pas rentable comme on aurait pu l'être si on avait été patient. Dans l'impatience, on veut fabriquer sa propre destinée, se créer soi-même ses propres opportunités alors que tout cela doit venir de l'Éternel. La Bible dit :

« Humiliez-vous donc sous la puissante main de Dieu et Il vous élèvera au moment convenable » *(1 Pierre 5.6)*. Si on n'est pas dans le moment convenable, on peut gaspiller toutes nos ressources. Mais Dieu étant riche d'amour et de bonté peut, si l'on se repent, nous ramener sur la bonne voie. Rebecca était impatiente, elle a promu Jacob avant le temps car elle savait qu'Ésaü allait être inférieur à Jacob en autorité. Dans son impatience et sa malice, elle a mis Jacob dans une position dans laquelle il n'aurait pas dû être. Sarah aussi avec Agar a fabriqué Ismaël dans l'impatience. Combien sont ceux qui ont été propulsés avant le temps ou promus à cause de l'impatience ? Je dis, le cœur attristé, que l'Éternel leur accorde la repentance et qu'ils reviennent sur le véritable chemin.

Le Cœur D'une Bonne Consécration

1. **Humilité**

   Jean 3.30 :

   > Il faut qu'Il croisse, et que je diminue.

2. **Révérence /crainte de Dieu**

   Proverbes 22.4 :

   > Le fruit de l'humilité, de la crainte de l'Éternel, c'est la richesse, la gloire et la vie.

3. **Fruits de l'Esprit et pardon**

   Colossiens 3.12-13 :

   > ¹² Ainsi donc, comme des élus de Dieu, saints et bien-aimés, revêtez-vous d'entrailles de miséricorde, de bonté, d'humilité, de douceur, de patience.
   >
   > ¹³ Supportez-vous les uns les autres, et, si l'un a sujet de se plaindre de l'autre, pardonnez-vous réciproquement. De même que Christ vous a pardonné, pardonnez-vous aussi.

4. **Pureté et simplicité de Christ**

   2 Corinthiens 11.1-3 (S21) :

   > ¹ Si seulement vous pouviez supporter de ma part un peu de folie ! Mais oui, supportez-moi !
   >
   > ² En effet, je suis jaloux de vous, de la jalousie de Dieu, parce que je vous ai fiancés à un seul époux pour vous présenter à Christ comme une vierge pure.
   >
   > ³ Cependant, de même que le serpent a trompé Ève par sa ruse, j'ai peur que vos pensées ne se corrompent et ne se détournent de la simplicité [et de la pureté] vis-à-vis de Christ.

5. Cœur reconnaissant et repentant

2 Samuel 7.18-29 :

¹⁸ Et le roi David alla se présenter devant l'Éternel, et dit : Qui suis-je, Seigneur Éternel, et quelle est ma maison, pour que tu m'aies fait parvenir où je suis ?

¹⁹ C'est encore peu de chose à tes yeux, Seigneur Éternel ; tu parles aussi de la maison de ton serviteur pour les temps à venir. Et tu daignes instruire un homme de ces choses, Seigneur Éternel !

²⁰ Que pourrait te dire de plus David ? Tu connais ton serviteur, Seigneur Éternel !

²¹ À cause de ta parole, et selon ton cœur, tu as fait toutes ces grandes choses pour les révéler à ton serviteur.

²² Que tu es donc grand, Éternel Dieu ! Car nul n'est semblable à toi, et il n'y a point d'autre Dieu que toi, d'après tout ce que nous avons entendu de nos oreilles.

²³ Est-il sur la terre une seule nation qui soit comme ton peuple, comme Israël, que Dieu est venu racheter pour en former son peuple, pour se faire un nom et pour accomplir en sa faveur, en faveur de ton pays, des miracles et des prodiges, en chassant devant ton peuple, que tu as racheté d'Égypte, des nations et leurs dieux ?

²⁴ Tu as affermi ton peuple d'Israël, pour qu'il fût ton peuple à toujours ; et toi, Éternel, tu es devenu son Dieu.

²⁵ Maintenant, Éternel Dieu, fais subsister jusque dans l'éternité la parole que tu as prononcée sur ton serviteur et sur sa maison, et agis selon ta parole.

²⁶ Que ton nom soit à jamais glorifié, et que l'on dise : L'Éternel des armées est le Dieu d'Israël ! Et que la maison de ton serviteur David soit affermie devant toi !

²⁷ Car toi-même, Éternel des armées, Dieu d'Israël, tu t'es révélé à ton serviteur, en disant : Je te fonderai une maison ! C'est pourquoi ton serviteur a pris courage pour t'adresser cette prière.

²⁸ Maintenant, Seigneur Éternel, tu es Dieu, et tes paroles sont vérité, et tu as annoncé cette grâce à ton serviteur.

²⁹ Veuille donc bénir la maison de ton serviteur, afin qu'elle subsiste à toujours devant toi ! Car c'est toi, Seigneur Éternel, qui as parlé, et par ta bénédiction la maison de ton serviteur sera bénie éternellement.

6. **Sagesse et intelligence**

Luc 2.52 :

Et Jésus croissait en sagesse, en stature, et en grâce, devant Dieu et devant les hommes.

7. **Honnêteté et intégrité :**

Matthieu 14.1-5 :

¹ En ce temps-là, Hérode le tétrarque, ayant entendu parler de Jésus, dit à ses serviteurs : C'est Jean Baptiste !

² Il est ressuscité des morts, et c'est pour cela qu'il se fait par lui des miracles.

³ Car Hérode, qui avait fait arrêter Jean, l'avait lié et mis en prison, à cause d'Hérodias, femme de Philippe, son frère,

⁴ *parce que Jean lui disait : Il ne t'est pas permis de l'avoir pour femme.*

⁵ *Il voulait le faire mourir, mais il craignait la foule, parce qu'elle regardait Jean comme un prophète.*

Timothée 4.12-16 :

¹² *Que personne ne méprise ta jeunesse ; mais sois un modèle pour les fidèles, en parole, en conduite, en charité, en foi, en pureté.*

¹³ *Jusqu'à ce que je vienne, applique-toi à la lecture, à l'exhortation, à l'enseignement.*

¹⁴ *Ne néglige pas le don qui est en toi, et qui t'a été donné par prophétie avec l'imposition des mains de l'assemblée des anciens.*

¹⁵ *Occupe-toi de ces choses, donne-toi tout entier à elles, afin que tes progrès soient évidents pour tous.*

¹⁶ *Veille sur toi-même et sur ton enseignement ; persévère dans ces choses, car, en agissant ainsi, tu te sauveras toi-même, et tu sauveras ceux qui t'écoutent.*

Timothée 2.15 :

Efforce-toi de te présenter devant Dieu comme un homme éprouvé, un ouvrier qui n'a point à rougir, qui dispense droitement la parole de la vérité.

Les Trois Niveaux De Consécration

Ces niveaux découlent simplement des niveaux de sacrifices de soi. Ces trois niveaux sont aussi les trois étapes de la maturité spirituelle citées **dans 1 Jean 2.12-14** :

Enfants : les enfants ont une caractéristique commune que j'ai observé dans ma croissance spirituelle et mon quotidien. C'est que les enfants sont tellement impatients. Ils veulent tout et tout de suite, sans délai, ils pleurent pour tout, veulent tout pour eux-mêmes, veulent tout faire à la va-vite, ne veulent pas tellement s'asseoir pour apprendre. Étant moi-même père, je peux juger que certains enfants ne veulent pas prendre le temps de s'asseoir pour faire des coloris, découper ou faire des activités qui demandent de la concentration. Ils ne payent pas le prix pour apprendre mais veulent déjà le résultat. Ça a été ainsi dans ma croissance spirituelle où je refusais de comprendre qu'il y avait des mauvais côtés du caractère qui mettaient du temps à partir afin de voir le bon caractère apparaître. Moi je pensais que tout devait aller d'un coup car Jésus est le Tout-Puissant. Par la suite, avec ma propre expérience, j'ai réalisé qu'il fallait du temps et de la patience pour pouvoir grandir dans le caractère du Messie. Les enfants sont limités dans leur consécration, ils ne passent pas assez de temps dans la présence de Dieu, ils sont très vite distraits, déconcentrés. Ils veulent que Dieu leur parle mais sitôt qu'ils parlent à Dieu, ils s'en vont sans Le laisser leur parler. Les enfants pensent qu'ils ont tout compris de la Bible, de Jésus et qu'ils peuvent devenir les enseignants ,des adolescents et même des pères. Les enfants n'agissent avec sagesse qu'à long terme, mais ils sont bien limités par la chair. Paul les appelle les chrétiens charnels **(1 Corinthiens 3.1-3)**. Les bébés ne sacrifient pas la chair, ils aiment encore la chair et veulent satisfaire encore quelques-uns de leurs désirs.

Jeunes gens : les jeunes gens sont ceux qui gardent la parole. Ils ont déjà compris le sacrifice de la croix ou sont en train de le comprendre dans leur vie et commencent à apprendre des pères et surtout du Père céleste. Les jeunes gens identifient de mieux en mieux les pièges que tend le diable pour les amener à trébucher et qu'ils deviennent ses proies. Les jeunes mettent en pratique la parole, aiment la présence, peuvent s'asseoir pendant des heures dans la présence et écouter Dieu. Les jeunes gens se voient de mieux en mieux dans la Loi parfaite et se mettent à l'œuvre pour être heureux dans leur activité. Je pense personnellement que c'est dans cette étape de croissance spirituelle qu'un enfant de Dieu célibataire peut déjà songer à se marier (c'est juste mon point de vue). Dieu étant Souverain et Tout-Puissant peut agencer les choses selon ses desseins.

Dans cette étape de jeunes gens, les enfants de Dieu sont de plus en plus responsables et veulent se bâtir un avenir sûr. C'est pourquoi je pense que c'est à cette étape que le mariage est conseillé parce que dans l'état d'enfant où on est bien charnel, entrer dans le mariage est très dangereux. En effet, on a deux enfants qui ne connaissent pas le fonctionnement du Royaume de Jésus et qui sont encore remplis du monde dans leur âme dans une certaine mesure. Ce que j'ai constaté dans ce cas, c'est que les âmes blessées des deux conjoints se heurtent facilement l'une à l'autre et qu'avec un manque de maîtrise de soi, on pourrait assister à une animosité jamais vue dans le monde.

Pères : ils connaissent Dieu, ils ont de l'expérience, ils sont doux et très patients. Les pères sont des exemples et ils ont la sagesse et le discernement. Les pères ont une grande autorité car ils opèrent dans le domaine de l'Esprit de façon efficace. Paul est un père, quand on lit les épîtres à Timothée et Tite, Paul est une personne qui a un long parcours, de l'expérience et une sagesse de la vie. Il est rempli d'humilité et de sincérité. Dans 1 Timothée 1.13, le père Paul nous dit ce qu'il était dans les premiers moments de sa conversion : blasphémateur, persécuteur, violent. C'est ce que Paul était avant sa conversion et après sa conversion parce qu'on voit Paul l'apôtre reprendre ouvertement l'apôtre Pierre devant les saints *(Galates 2.12-15)*. On voit l'apôtre Paul avoir une violente dispute avec Barnabas *(Actes 15.35-41)* ; on voit Paul également tenir des propos injurieux envers le souverain sacrificateur *(Actes 23.1-5)*. Tous ces exemples montrent que bien que Paul fût un apôtre, il a dû grandir dans son caractère et être de plus en plus à l'image de Jésus *(Philippiens 3.4-17)*. Les pères sont remplis de compassion, de tendresse et d'amour, ils veulent le bonheur de leurs enfants et les aiment ardemment.

Romains 12.1-2 :

¹ Je vous exhorte donc, frères, par les compassions de Dieu, à offrir vos corps comme un sacrifice vivant, saint, agréable à Dieu, ce qui sera de votre part un culte raisonnable.

² Ne vous conformez pas au siècle présent, mais soyez transformés par le renouvellement de l'intelligence, afin que vous discerniez quelle est la volonté de Dieu, ce qui est bon, agréable et parfait.

2 Corinthiens 5.20 :

Nous faisons donc les fonctions d'ambassadeurs pour Christ, comme si Dieu exhortait par nous ; nous vous en supplions au nom de Christ : Soyez réconciliés avec Dieu !

Actes 20.29-32 :

²⁹ Je sais qu'il s'introduira parmi vous, après mon départ, des loups cruels qui n'épargneront pas le troupeau,

³⁰ et qu'il s'élèvera du milieu de vous des hommes qui enseigneront des choses pernicieuses, pour entraîner les disciples après eux.

³¹ *Veillez donc, vous souvenant que, durant trois années, je n'ai cessé nuit et jour d'exhorter avec larmes chacun de vous.*

³² *Et maintenant je vous recommande à Dieu et à la parole de sa grâce, à celui qui peut édifier et donner l'héritage avec tous les sanctifiés*

Exemple D'une Consécration Réussie : Jean Baptiste

1. **La préparation de Jean Baptiste :**

Matthieu 3.1-4 :

¹ En ce temps-là parut Jean Baptiste, prêchant dans le désert de Judée.

² Il disait : Repentez-vous, car le royaume des cieux est proche.

³ Jean est celui qui avait été annoncé par Ésaïe, le prophète, lorsqu'il dit : C'est ici la voix de celui qui crie dans le désert : Préparez le chemin du Seigneur, aplanissez ses sentiers.

⁴ Jean avait un vêtement de poils de chameau, et une ceinture de cuir autour des reins. Il se nourrissait de sauterelles et de miel sauvage.

Luke 1.80 :

Or, l'enfant croissait, et se fortifiait en esprit. Et il demeura dans les déserts, jusqu'au jour où il se présenta devant Israël.

Par ces deux textes, on peut comprendre que Jean Baptiste a été consacré très tôt, à un jeune âge parce qu'il est écrit : « l'enfant se fortifiait en esprit ».

Cela implique que Jean Baptiste grandissait spirituellement, pas en apparence ; il se fortifiait par la grâce de l'Éternel car il était déjà rempli du Saint-Esprit dans le sein maternel. Il était dans le désert donc loin de la ville, de son entourage, des distractions du monde, de tout ce que la jeunesse pouvait aimer et voulait. Il s'est entretenu avec l'Éternel dans le désert, il a été éprouvé dans ce désert car c'est l'endroit de test et de dépouillement, c'est ce qu'on appelle communément « brisement ».

Deutéronome 8.2 :

Souviens-toi de tout le chemin que l'Éternel, ton Dieu, t'a fait faire pendant ces quarante années dans le désert, afin de t'humilier et de t'éprouver, pour savoir quelles étaient les dispositions de ton cœur et si tu garderais ou non ses commandements. Dans le désert, Jean Baptiste a appris à se soumettre à Dieu et à sa parole et à en faire le fondement de sa vie.

Matthieu 3.1-4 :

Jean Baptiste était déjà consacré avant la fondation du monde pour être le prophète qu'Esaïe avait annoncé. Jean Baptiste n'était pas un fruit du hasard ou un choix de Dieu à cause de ses parents, mais il était déjà dans la pensée de Dieu avant la fondation.

Jérémie 1.5 :

Avant que je t'eusse formé dans le ventre de ta mère, je te connaissais, et avant que tu fusses sorti de son sein, je t'avais consacré, je t'avais établi prophète des nations (*LSG*). Dieu a déjà dans sa pensée les plans de chaque homme, leur destinée et la façon dont il va les diriger pour y arriver. Le prophète Jérémie était inquiet de son âge, ce qu'il va dire mais cela n'était pas un problème pour l'Éternel car l'Éternel l'avait déjà consacré. En d'autres termes, L'Éternel avait déjà tout préparé pour la mission de Jérémie.

Jean Baptiste était habillé de vêtements qui avaient une apparence étrange, mais qui avaient une signification spirituelle puissante. Les vêtements dans les Saintes Écritures représentent le plus souvent les œuvres, les actes, les habitudes, la majesté (***Psaume 93***). Donc, par ses vêtements, on peut déduire les habitudes et le style de vie de Jean Baptiste.

Poils de chameau : le chameau est un animal spécial qui a une grande résistance à la soif dans le désert. Il peut rester deux ou trois semaines sans boire et garder de l'eau dans son patron. Le chameau, quand il coupe sa soif, boit environ 138 litres en 5 minutes (source Google : http://dp.mariottini.free.fr/carnets/dubai/desert/dromadaire.htm). Alors les poils de chameaux, comme vêtements de Jean Baptiste, nous révèlent qu'il était quelqu'un de résistant, de persévérant et de privation. Jean Baptiste jeûnait beaucoup, le jeûne était son style de vie parce qu'il était toujours vêtu comme ça. Il était quelqu'un mort au monde parce qu'il vivait dans le désert, c'est-à-dire qu'il n'y avait pas l'environnement de la ville, les choses de la ville, le bruit de la ville, les distractions ou les plaisirs de la ville. Il était un consacré qui a consacré toute sa vie à préparer la venue du Seigneur. Dans le désert, il se préparait pour ce que Dieu l'avait appelé à être. Jean Baptiste est mort des choses du monde et s'est donné pour la vérité de Yahvé.

Ceinture en cuir autour des reins : selon Éphésiens 6.14, la ceinture représente la vérité. Jean Baptiste s'est construit lui-même dans la vérité de Dieu, aime la vérité et la met dans son esprit et dans son âme.

La nourriture représente les habitudes alimentaires qui font partie aussi du style de vie.

Sauterelles : selon Lévitique 11, la sauterelle est pure et la manger n'est pas suivi de conséquence d'impureté. Mais lorsque nous examinons les caractéristiques des animaux purs, celles-ci doivent présenter certaines spécificités : sabot écarté, pieds fourchus, ruminer. Mais en ce qui concerne les insectes purs et comestibles, les jambes sont au-dessus des pieds. Lévitique 11.21 : Mais, parmi tous les reptiles qui volent et qui marchent sur quatre pieds, vous mangerez ceux qui ont des jambes au-dessus de leurs pieds, pour sauter sur la terre. Cette posture montre une posture de culte, d'adoration.

La poitrine est sur le sol, position d'humilité et de révérence, pour honorer quelqu'un. Nous pouvons dire que Jean Baptiste grandissait dans la crainte de Dieu, l'adoration et l'humilité. La nourriture de Jean Baptiste veut dire qu'il s'humiliait devant Dieu et sa parole.

Manger = acceptation. Oui, c'est pourquoi nous avons du miel dans la liste. Miel : l'amour de la parole de Dieu.

Psaume 19.9-10

⁹ *(19:10) La crainte de l'Éternel est pure, elle subsiste à toujours ; les jugements de l'Éternel sont vrais, ils sont tous justes.*

¹⁰ *(19:11) Ils sont plus précieux que l'or, que beaucoup d'or fin ; ils sont plus doux que le miel, que celui qui coule des rayons.*

Psaume 119.103 :

Que tes paroles sont douces à mon palais, plus que le miel à ma bouche !

Proverbes 16.24 :

Les paroles agréables sont un rayon de miel, douces pour l'âme et salutaires pour le corps.

Ézéchiel 3.3 :

Il me dit : Fils de l'homme, nourris ton ventre et remplis tes entrailles de ce rouleau que je te donne ! Je le mangeai, et il fut dans ma bouche doux comme du miel.

2. Ministère de Jean Baptiste.

Luc 3.7-16

⁷ Il disait donc à ceux qui venaient en foule pour être baptisés par lui : Races de vipères, qui vous a appris à fuir la colère à venir ?

⁸ Produisez donc des fruits dignes de la repentance, et ne vous mettez pas à dire en vous-mêmes : Nous avons Abraham pour père ! Car je vous déclare que de ces pierres Dieu peut susciter des enfants à Abraham.

⁹ Déjà même la cognée est mise à la racine des arbres : tout arbre donc qui ne produit pas de bons fruits sera coupé et jeté au feu.

¹⁰ La foule l'interrogeait, disant : Que devons-nous donc faire ?

¹¹ Il leur répondit : Que celui qui a deux tuniques partage avec celui qui n'en a point, et que celui qui a de quoi manger agisse de même.

¹² Il vint aussi des publicains pour être baptisés, et ils lui dirent : Maître, que devons-nous faire ?

¹³ Il leur répondit : N'exigez rien au-delà de ce qui vous a été ordonné.

¹⁴ Des soldats aussi lui demandèrent : Et nous, que devons-nous faire ? Il leur répondit : Ne commettez ni extorsion ni fraude envers personne, et contentez-vous de votre solde.

¹⁵ Comme le peuple était dans l'attente, et que tous se demandaient en eux-mêmes si Jean n'était pas le Christ,

¹⁶ il leur dit à tous : Moi, je vous baptise d'eau ; mais il vient, celui qui est plus puissant que moi, et je ne suis pas digne de délier la courroie de ses souliers. Lui, il vous baptisera du Saint-Esprit et de feu.

Matthieu 3.5-12

⁵ Les habitants de Jérusalem, de toute la Judée et de tout le pays des environs du Jourdain, se rendaient auprès de lui ;

⁶ et, confessant leurs péchés, ils se faisaient baptiser par lui dans le fleuve du Jourdain.

⁷ Mais, voyant venir à son baptême beaucoup de pharisiens et de sadducéens, il leur dit : Races de vipères, qui vous a appris à fuir la colère à venir ?

⁸ Produisez donc du fruit digne de la repentance,

⁹ et ne prétendez pas dire en vous-mêmes : Nous avons Abraham pour père ! Car je vous déclare que de ces pierres-ci Dieu peut susciter des enfants à Abraham.

¹⁰ Déjà la cognée est mise à la racine des arbres : tout arbre donc qui ne produit pas de bons fruits sera coupé et jeté au feu.

¹¹ Moi, je vous baptise d'eau, pour vous amener à la repentance ; mais celui qui vient après moi est plus puissant que moi, et je ne suis pas digne de porter ses souliers. Lui, il vous baptisera du Saint-Esprit et de feu.

¹² Il a son van à la main ; il nettoiera son aire, et il amassera son blé dans le grenier, mais il brûlera la paille dans un feu qui ne s'éteint point.

Après qu'il a été envoyé par Le Père pour prêcher la repentance et préparer la voix pour son cousin Jésus, Jean Baptiste a commencé son ministère dans le désert et a annoncé la venue de Jésus et parlé de Jésus. Jean Baptiste a été très efficace dans son ministère de préparation de cœur car il était franc, direct, sincère et humble.

Franchise Matthieu 3.7-12 : ⁷ *Mais, voyant venir à son baptême beaucoup de pharisiens et de sadducéens, il leur dit : Races de vipères, qui vous a appris à fuir la colère à venir ?*

⁸ *Produisez donc du fruit digne de la repentance,*

⁹ *et ne prétendez pas dire en vous-mêmes : Nous avons Abraham pour père ! Car je vous déclare que de ces pierres-ci Dieu peut susciter des enfants à Abraham.*

¹⁰ *Déjà la cognée est mise à la racine des arbres : tout arbre donc qui ne produit pas de bons fruits sera coupé et jeté au feu.*

¹¹ *Moi, je vous baptise d'eau, pour vous amener à la repentance ; mais celui qui vient après moi est plus puissant que moi, et je ne suis pas digne de porter ses souliers. Lui, il vous baptisera du Saint-Esprit et de feu.*

¹² *Il a son van à la main ; il nettoiera son aire, et il amassera son blé dans le grenier, mais il brûlera la paille dans un feu qui ne s'éteint point.*

Direct Matthieu 14.3-5 : ³ *Car Hérode, qui avait fait arrêter Jean, l'avait lié et mis en prison, à cause d'Hérodias, femme de Philippe, son frère,*

⁴ *parce que Jean lui disait : Il ne t'est pas permis de l'avoir pour femme.*

⁵ Il voulait le faire mourir, mais il craignait la foule, parce qu'elle regardait Jean comme un prophète.

Sincère Jean 1.19-27 : ¹⁹ Voici le témoignage de Jean, lorsque les Juifs envoyèrent de Jérusalem des sacrificateurs et des Lévites, pour lui demander : Toi, qui es-tu ?

²⁰ Il déclara, et ne le nia point, il déclara qu'il n'était pas le Christ.

²¹ Et ils lui demandèrent : Quoi donc ? Es-tu Élie ? Et il dit : Je ne le suis point. Es-tu le prophète ? Et il répondit : Non.

²² Ils lui dirent alors : Qui es-tu ? Afin que nous donnions une réponse à ceux qui nous ont envoyés. Que dis-tu de toi-même ?

²³ Moi, dit-il, je suis la voix de celui qui crie dans le désert : Aplanissez le chemin du Seigneur, comme a dit Esaïe, le prophète.

²⁴ Ceux qui avaient été envoyés étaient des pharisiens.

²⁵ Ils lui firent encore cette question : Pourquoi donc baptises-tu, si tu n'es pas le Christ, ni Élie, ni le prophète ?

²⁶ Jean leur répondit : Moi, je baptise d'eau, mais au milieu de vous il y a quelqu'un que vous ne connaissez pas, qui vient après moi ;

²⁷ je ne suis pas digne de délier la courroie de ses souliers.

Humilité Jean 3.29-32

²⁹ Celui à qui appartient l'épouse, c'est l'époux ; mais l'ami de l'époux, qui se tient là et qui l'entend, éprouve une grande joie à cause de la voix de l'époux : aussi cette joie, qui est la mienne, est parfaite.

30 Il faut qu'il croisse, et que je diminue.

31 Celui qui vient d'en haut est au-dessus de tous ; celui qui est de la terre est de la terre, et il parle comme étant de la terre. Celui qui vient du ciel est au-dessus de tous,

32 il rend témoignage de ce qu'il a vu et entendu, et personne ne reçoit son témoignage.

3. **Éloges de Jésus concernant Jean Baptiste**

Matthieu 11.7-15 : *7 Comme ils s'en allaient, Jésus se mit à dire à la foule, au sujet de Jean : Qu'êtes-vous allés voir au désert ? Un roseau agité par le vent ?*

8 Mais, qu'êtes-vous allés voir ? Un homme vêtu d'habits précieux ? Voici, ceux qui portent des habits précieux sont dans les maisons des rois.

9 Qu'êtes-vous donc allés voir ? Un prophète ? Oui, vous dis-je, et plus qu'un prophète.

10 Car c'est celui dont il est écrit : Voici, j'envoie mon messager devant ta face, pour préparer ton chemin devant toi.

11 Je vous le dis en vérité, parmi ceux qui sont nés de femmes, il n'en a point paru de plus grand que Jean Baptiste. Cependant, le plus petit dans le royaume des cieux est plus grand que lui.

12 Depuis le temps de Jean Baptiste jusqu'à présent, le royaume des cieux est forcé, et ce sont les violents qui s'en s'emparent.

13 Car tous les prophètes et la Loi ont prophétisé jusqu'à Jean;

14 et, si vous voulez le comprendre, c'est lui qui est l'Élie qui devait venir.

¹⁵ Que celui qui a des oreilles pour entendre entende.

Dans le ministère de Jean Baptiste, on trouve tout le cœur d'une bonne consécration, Jean Baptiste est l'une des figures les plus impressionnantes dans la Bible parce qu'on parle de lui comme prophète et il n'a fait aucun signe miraculeux mais pourtant Jésus parle de lui comme étant le plus grand de ceux qui sont nés d'une femme. Selon moi, Jean Baptiste est celui qui fait des grands miracles car il a ramené les cœurs des personnes au Seigneur, c'est le plus grand miracle : la conversion. Jean Baptiste a une vie pieuse et correcte, la Bible ne nous donne aucun élément d'injustice dans sa vie et son ministère, il a toujours été humble du début à la fin. Sans une bonne préparation, Jean Baptiste se serait peut-être pris pour le Messie voyant toutes ces personnes qui le suivaient et se faisaient baptiser ; il aurait pu être envieux de Jésus et même empêcher ses disciples de suivre Jésus, mais il n'a pas fait cela. Il ne s'est jamais mesuré à Jésus ni à un autre ministère, il a fait ce qu'il devait faire. Dans sa période de doutes, Jean Baptiste voulait toujours être sûr que c'était bien Jésus le Messie. Il envoya ses disciples demander à Jésus s'il était vraiment celui qui devait venir. Sans une bonne consécration, Jean Baptiste aurait rejeté Jésus comme le Messie, parce que le Messie étant le Sauveur, comment pouvait-il voir un grand ministre de la Parole de Dieu en prison pour rien ? Parce qu'il a dit la vérité, et sachant qu'il pouvait mourir à tout moment, ce Messie n'a pas déployé sa puissance pour le sortir d'affaire ; Jean Baptiste pouvait alors se sentir seul et croire que le Messie était impuissant face à son cas. Jean Baptiste a connu une mort de martyr mais il a été celui qui a présenté le Messie à Israël. Quel héros de la foi !

Jean Baptiste est la voix que le monde doit écouter aujourd'hui car le Seigneur Jésus revient très bientôt et il faut être prêt dans son cœur en menant une vie de sainteté comme l'a fait Jean Baptiste.

Obstacles À Une Bonne Consécration/ Préparation

Notre destinée se prépare maintenant, c'est maintenant le temps de se revêtir de nos armes de lumière et de sortir des ténèbres. L'assemblée des saints doit se préparer dans une diligence sans précédent car les jours sont mauvais, il y a la gloire mais il y a aussi des opposants à cette gloire. Oui, la Bible dit que la chair et l'Esprit sont en contradiction totale, une contradiction qui est tellement forte qu'elle ne nous permet pas de faire ce que l'on veut, mais elle nous met dans une situation où nous devons décider à qui l'on obéit : la chair ou l'Esprit, le diable ou le Saint-Esprit.

La bonne consécration a ses opposants :

1. **le moi mal placé et la chair le moi mal placé c'est ce que je veux faire sans l'Esprit de Dieu, l'égocentrisme .**

   Esaïe 14.12-14:

   ¹² Te voilà tombé du ciel, Astre brillant, fils de l'aurore ! Tu es abattu à terre, Toi, le vainqueur des nations !

   ¹³ Tu disais en ton cœur : Je monterai au ciel, j'élèverai mon trône au-dessus des étoiles de Dieu ; je m'assiérai sur la montagne de l'assemblée, à l'extrémité du septentrion ;

   ¹⁴ je monterai sur le sommet des nues, je serai semblable au Très-Haut.

   La chair c'est la puissance de péché à laquelle je me connecte lorsque je suis dans mon égocentrisme.

   Galates 5.16-17:

   ¹⁶ Je dis donc : Marchez selon l'Esprit, et vous n'accomplirez pas les désirs de la chair.

¹⁷ Car la chair a des désirs contraires à ceux de l'Esprit, et l'Esprit en a de contraires à ceux de la chair ; ils sont opposés entre eux, afin que vous ne fassiez point ce que vous voudriez.

L'homme tel qu'il a été créé est une machine puissante. Il est à l'image de Dieu, il a un potentiel inné en lui qui peut lui permettre de faire beaucoup de choses sans Dieu : penser, raisonner, marcher, construire, inventer (pas créer), s'organiser, explorer l'univers... Avec toutes ces choses que la chair peut faire, elle a tendance à défier l'Esprit et à vouloir le dominer. La chair, c'est aussi la puissance innée en l'homme depuis la chute, pour lui permettre d'accomplir ses propres désirs et pensées et celles du diable. Dans la consécration à Dieu, le moi doit apprendre et haïr la chair, la reconnaître afin de ne pas tomber dans ses pièges. La chair est la nature de Satan.

2. Les géants ou forteresses de pensées dans mon intellect

Nombres 13-Nombres 14 :

²⁷ Voici ce qu'ils racontèrent à Moïse : Nous sommes allés dans le pays où tu nous as envoyés. À la vérité, c'est un pays où coulent le lait et le miel, et en voici les fruits.

²⁸ Mais le peuple qui habite ce pays est puissant, les villes sont fortifiées, très grandes ; nous y avons vu des enfants d'Anak.

²⁹ Les Amalécites habitent la contrée du midi ; les Héthiens, les Jébusiens et les Amoréens habitent la montagne ; et les Cananéens habitent près de la mer et le long du Jourdain.

³⁰ Caleb fit taire le peuple, qui murmurait contre Moïse. Il dit : Montons, emparons-nous du pays, nous y serons vainqueurs!

³¹ Mais les hommes qui y étaient allés avec lui dirent : Nous ne pouvons pas monter contre ce peuple, car il est plus fort que nous.

³² Et ils décrièrent devant les enfants d'Israël le pays qu'ils avaient exploré. Ils dirent : Le pays que nous avons parcouru, pour l'explorer, est un pays qui dévore ses habitants ; tous ceux que nous y avons vus sont des hommes d'une haute taille ;

³³ et nous y avons vu les géants, enfants d'Anak, de la race des géants : nous étions à nos yeux et aux leurs comme des sauterelles…

Matthieu 10.28 :

Ne craignez pas ceux qui tuent le corps et qui ne peuvent tuer l'âme ; craignez plutôt celui qui peut faire périr l'âme et le corps dans la géhenne.

2 Corinthiens 10.4-5 :

⁴ Car les armes avec lesquelles nous combattons ne sont pas charnelles ; mais elles sont puissantes, par la vertu de Dieu, pour renverser des forteresses.

⁵ Nous renversons les raisonnements et toute hauteur qui s'élève contre la connaissance de Dieu, et nous amenons toute pensée captive à l'obéissance de Christ.

Les géants ou forteresses de pensées dans notre intellect ont pour but de nous dissuader de la vérité et de la faire passer pour un mensonge. Les forteresses veulent nous garder prisonniers, nous amoindrir pour que l'on s'autodétruise. L'autodestruction est l'acceptation des forteresses aux dépens de la parole et ainsi on devient un ennemi de la parole et on se détruit tout seul. Les forteresses nous isolent, nous gardent loin de Dieu et de tout ce qui peut les renverser afin qu'on soit leur prisonnier pour le reste de notre vie. C'est à cause des géants que 99 % des Israélites ont été tués et ne sont pas entrés dans Canaan. Les forteresses tuent le destin quand elles ne sont pas renversées.

IL NE FAUT PAS LES PRENDRE À LA LÉGÈRE PARCE QU'ELLES NE SE PRENNENT PAS À LA LÉGÈRE. ELLES SONT LÀ POUR TE FAIRE PÉRIR. DANS CE COMBAT, IL N Y A PAS DE MISÉRICORDE. IL FAUT TOUTES LES RENVERSER. CELA NE SERA PAS ÉVIDENT CAR IL Y EN A DES GRANDES, MAIS IL NE FAUT PAS OUBLIER QUE TU COMBATS SUR LA BASE QUE JÉSUS A DÉJÀ VAINCU SATAN, PAR CONSÉQUENT LES FORTERESSES, CAR ELLES VIENNENT DU ROYAUME (DE L'INFLUENCE) DU DIABLE.

3. Les liens et malédictions persistants

Deutéronome 28.15-67 :

15 Mais si tu n'obéis point à la voix de l'Éternel, ton Dieu, si tu n'observes pas et ne mets pas en pratique tous ses commandements et toutes ses Lois que je te prescris aujourd'hui, voici toutes les malédictions qui viendront sur toi et qui seront ton partage :

16 Tu seras maudit dans la ville, et tu seras maudit dans les champs.

17 Ta corbeille et ta huche seront maudites.

18 Le fruit de tes entrailles, le fruit de ton sol, les portées de ton gros et de ton menu bétail, toutes ces choses seront maudites.

19 Tu seras maudit à ton arrivée, et tu seras maudit à ton départ.

²⁰ *L'Éternel enverra contre toi la malédiction, le trouble et la menace, au milieu de toutes les entreprises que tu feras, jusqu'à ce que tu sois détruit, jusqu'à ce que tu périsses promptement, à cause de la méchanceté de tes actions, qui t'aura porté à m'abandonner.*

Galates 3.13 :

Christ nous a rachetés de la malédiction de la Loi, étant devenu malédiction pour nous, car il est écrit : Maudit est quiconque est pendu au bois.

- Je définis les malédictions et les liens comme : des systèmes de pensées dans notre âme, des émotions présentes, des façons de raisonner et de réfléchir que nous avons reçues de nos familles, amis, fréquentations. Des déclarations/ incantations faites contre nous pour qu'elles puissent s'accomplir quand nous remplissons les conditions de ces déclarations.

C'est par l'étude de la parole, la digestion de la parole, le renouvellement de l'intelligence, la prière, la déclaration de la parole et la marche par l'Esprit que ces malédictions et liens sont détruits, ou avalés par les fleuves d'eaux vives dans notre âme.

Esaïe 28.16-19:

¹⁶ *C'est pourquoi ainsi parle le Seigneur, l'Éternel : Voici, j'ai mis pour fondement en Sion une pierre, une pierre éprouvée, une pierre angulaire de prix, solidement posée ; celui qui la prendra pour appui n'aura point hâte de fuir.*

¹⁷ *Je ferai de la droiture une règle, et de la justice un niveau ; et la grêle emportera le refuge de la fausseté, et les eaux inonderont l'abri du mensonge.*

¹⁸ *Votre alliance avec la mort sera détruite, votre pacte avec le séjour des morts ne subsistera pas ; quand le fléau débordé passera, vous serez par lui foulés aux pieds.*

¹⁹ *Chaque fois qu'il passera, il vous saisira ; car il passera tous les matins, le jour et la nuit, et son bruit seul donnera l'épouvante.*

4. Satan

Genèse 3.1-5 : Le serpent était le plus rusé de tous les animaux des champs, que l'Éternel Dieu avait faits. Il dit à la femme : Dieu a-t-il réellement dit : Vous ne mangerez pas de tous les arbres du jardin ?

² *La femme répondit au serpent : Nous mangeons du fruit des arbres du jardin.*

³ *Mais quant au fruit de l'arbre qui est au milieu du jardin, Dieu a dit : Vous n'en mangerez point et vous n'y toucherez point, de peur que vous ne mouriez.*

⁴ *Alors le serpent dit à la femme : Vous ne mourrez point ;*

⁵ *mais Dieu sait que, le jour où vous en mangerez, vos yeux s'ouvriront, et que vous serez comme des dieux, connaissant le bien et le mal.*

L'humanité n'était pas censée connaître le bien et le mal mais seulement la vie éternelle. Le simple fait qu'Adam ait connu le bien et le mal tout le reste de l'humanité s'est retrouvé vulnérable à tout moment par le diable pour l'empêcher d'obéir à son Créateur, l'Éternel Dieu.

Jean 8.44 :

Vous avez pour père le diable, et vous voulez accomplir les désirs de votre père. Il a été meurtrier dès le commencement, et il ne se tient pas dans la vérité, parce qu'il n'y a pas de vérité en lui. Lorsqu'il profère le mensonge, il parle de son propre fonds ; car il est menteur et le père du mensonge.

Jean 10.10 :

Le voleur (diable) ne vient que (et rien que) pour dérober, égorger et détruire ; moi (Jésus), Je suis venu afin que les brebis aient la vie, et qu'elles soient dans l'abondance (LSG modifié).

Pierre 5.8 :

Soyez sobres, veillez. Votre adversaire, le diable, rôde comme un lion rugissant, cherchant qui il dévorera.

Apocalypse 12.9 :

Et il fut précipité, le grand dragon, le serpent ancien, appelé le diable et Satan, celui qui séduit toute la terre, il fut précipité sur la terre, et ses anges furent précipités avec lui.

Comme Moïse et Jésus qui ont été les cibles du dragon, ou Satan, tout élu de Yahvé est une cible de Satan et son armée. Satan voue une haine aux saints parce qu'il déteste tout ce qui est de Dieu. Son UNIQUE RÔLE EST DE VOLER, ÉGORGER, DÉTRUIRE. Il n'a pas d'autre programme, mais il le fait de plusieurs subtiles manières. **Dans Genèse 3**, on le voit venir de façon subtile amener la mort dans le monde par Adam.

Certaines personnes ne croient pas au diable, du moins à son existence et ceci l'arrange et fait partie de sa ruse. Il veut se faire oublier par les êtres humains et même certains saints afin de pouvoir les séduire de manière subtile et accomplir ses plans destructeurs. Il veut souvent se faire oublier et il y arrive quand il n'est pas dénoncé dans les assemblées des saints. Une autre tactique subtile qu'il utilise, c'est de se faire tellement présent dans les bouches des personnes et être tellement puissant que les yeux ne sont plus fixés sur Notre Capitaine et

Perfectionneur de notre foi mais sur les exploits destructeurs du diable.

L'attitude équilibrée à avoir concernant le diable est de ne pas oublier qu'il est présent car la Bible nous met en garde contre lui, ne pas le mettre au-dessus de Jésus en puissance ni en autorité. Il faut aussi savoir qu'il a une puissance *(Luk 10.19)* et qu'il ne faut pas lui parler de façon injurieuse ou le diminuer car il est plus malin que l'homme *(Jude 9)*. Seules les armes divines d'Ephésiens 6, Romains 13 ; Esaïe 59.17 ; Esaïe 49.2 sont capable de lui résister et vaincre ses ruses...

5. La famille : exemple de Lot Genèse 13.14-ss

Marc 3.31-33 :

> *31 Survinrent sa mère et ses frères, qui, se tenant dehors, l'envoyèrent appeler.*

> *32 La foule était assise autour de lui, et on lui dit : Voici, ta mère et tes frères sont dehors et te demandent.*

> *33 Et il répondit : Qui est ma mère, et qui sont mes frères ?*

Dans Genèse 13.14, c'est quand Lot quitte Abraham que l'Éternel montre à Abram la terre de Canaan. Lot était un obstacle à la visibilité d'Abram. Je pense qu'Abram aimait tellement son neveu qu'il le mettait avant Dieu et cela empêchait Dieu de montrer à Abram ce qu'il voulait qu'il voie. **Dans 2 Pierre 1.8,** la Bible dit que lorsqu'on ne marche pas dans l'amour on est myope, on ne voit pas plus loin que son nez. C'est ce qui est arrivé à Abram concernant Lot. Son amour pour Lot était plus grand que son amour pour Dieu. Dans nos vies, notre famille peut être placée avant Dieu, de même que notre conjoint ou conjointe, nos enfants, notre famille élargie.

Au sens figuré, la famille est tout ce qui fait partie de notre vie et que nous entretenons comme habitudes et caractère. La télé, la nourriture, notre corps, nos études, notre travail, nos ambitions personnelles, nos projets, nos amis, etc. peuvent devenir notre famille et nous aveugler si on les aime comme Lot était aimé de son oncle Abram.

Dans Marc 3.31-33, Jésus a redéfini la place de sa famille dans son ministère. C'est peut-être choquant, mais Jésus donne dans ces versets la véritable définition de la famille : ceux qui font la volonté de Dieu. Si Jésus était sans caractère et n'aimait pas son Père plus que sa famille charnelle, il n'aurait jamais été efficace dans son ministère et n'aurait pas accompli sa mission. Sa famille aurait été un frein pour lui. Jésus a connu beaucoup d'opposition de la part de sa famille *(Jean 7.3-5 ; Marc 3.21)*.

6. Le mariage : exemple de Samson

Juges 14.10-20 :

[10] *Le père de Samson descendit chez la femme. Et là, Samson fit un festin, car c'était la coutume des jeunes gens.*

[11] *Dès qu'on le vit, on invita trente compagnons qui se tinrent avec lui.*

[12] *Samson leur dit : Je vais vous proposer une énigme. Si vous me l'expliquez pendant les sept jours du festin, et si vous la découvrez, je vous donnerai trente chemises et trente vêtements de rechange.*

[13] *Mais si vous ne pouvez pas me l'expliquer, ce sera vous qui me donnerez trente chemises et trente vêtements de rechange. Ils lui dirent : Propose ton énigme, et nous l'écouterons.*

¹⁴ Et il leur dit : De celui qui mange est sorti ce qui se mange, et du fort est sorti le doux. Pendant trois jours, ils ne purent expliquer l'énigme.

¹⁵ Le septième jour, ils dirent à la femme de Samson : Persuade à ton mari de nous expliquer l'énigme ; sinon, nous te brûlerons, toi et la maison de ton père. C'est pour nous dépouiller que vous nous avez invités, n'est-ce pas ?

¹⁶ La femme de Samson pleurait auprès de lui, et disait : Tu n'as pour moi que de la haine, et tu ne m'aimes pas ; tu as proposé une énigme aux enfants de mon peuple, et tu ne me l'as point expliquée ! Et il lui répondait : Je ne l'ai expliquée ni à mon père ni à ma mère ; est-ce à toi que je l'expliquerais ?

¹⁷ Elle pleura auprès de lui pendant les sept jours que dura leur festin ; et le septième jour, il la lui expliqua, car elle le tourmentait. Et elle donna l'explication de l'énigme aux enfants de son peuple.

¹⁸ Les gens de la ville dirent à Samson le septième jour, avant le coucher du soleil : Quoi de plus doux que le miel, et quoi de plus fort que le lion ? Et il leur dit : Si vous n'aviez pas labouré avec ma génisse, vous n'auriez pas découvert mon énigme.

¹⁹ L'esprit de l'Éternel le saisit, et il descendit à Askalon. Il y tua trente hommes, prit leurs dépouilles, et donna les vêtements de rechange à ceux qui avaient expliqué l'énigme. Il était enflammé de colère, et il monta à la maison de son père.

²⁰ Sa femme fut donnée à l'un de ses compagnons, avec lequel il était lié.

Juges 16.16 :

Comme elle était chaque jour à le tourmenter et à l'importuner par ses instances, son âme s'impatienta à la mort.

Samson était un homme appelé de Dieu et oint mais à cause de son amour pour les femmes, sa consécration a été dérangée et cela s'est vu dans ses exploits. Samson pouvait faire mieux que ce qui était écrit mais il a manqué de caractère. Samson a joué avec le feu, il a fait passer sa femme avant Dieu, son onction et sa mission. Samson a cédé sur les multiples demandes de Dalila. En vérité, Satan a utilisé Dalila pour pousser Samson à bout et l'avoir à l'usure. Non, il ne pouvait pas y échapper parce qu'il était marié à Dalila. La seule façon d'y échapper était d'être loin d'elle. En tant que sacrificateurs de l'Éternel, les saints doivent bien se préparer s'ils veulent se marier et choisir la bonne personne, une seule fois jusqu'à la mort car un mauvais choix de conjoint peut ruiner toute une destinée. La consécration pour certains pourrait commencer quand ils sont dans le mariage. Ce que je veux dire c'est que certains ont commencé à prendre Dieu très au sérieux, à se réveiller lorsqu'ils étaient déjà mariés. Pour ceux-là, l'attitude envers leurs conjoints/conjointes va être déterminante, mais la grâce de Dieu va pouvoir jouer en leur faveur s'ils se repentent et font confiance à l'Éternel.

7. La vie de péché :

Romains 8.5-7 :

⁵ Ceux, en effet, qui vivent selon la chair, s'affectionnent aux choses de la chair, tandis que ceux qui vivent selon l'Esprit s'affectionnent aux choses de l'Esprit.

⁶ Et l'affection de la chair, c'est la mort, tandis que l'affection de l'Esprit, c'est la vie et la paix ;

⁷ car l'affection de la chair est inimitié contre Dieu, parce qu'elle ne se soumet pas à la Loi de Dieu, et qu'elle ne le peut même pas.

Le péché est la raison pour laquelle Jésus est venu *(1 Jean 3.5-6)*. Donc, vivre dans le péché ne va que nous détruire. Lorsque Dieu nous appelle dans cette consécration, le péché aussi va nous solliciter car la chair et le sang sont ennemis du Royaume de Dieu. Le péché va nous séduire, nous montrer tous ses avantages, ses plaisirs pour qu'on y reste. Lorsqu'on tombe dans ses pièges alors on devient ennemi de la sainteté et de Dieu. La vie de péché va nous garder loin de la sainteté exigée par Dieu dans la consécration. La vie de péché est ce que j'appelle un pied dans le monde et un pied dans l'Église. Ce sont ceux qui veulent aimer le monde et Jésus, les plaisirs du péché et les bienfaits de Jésus. Cette vie double est dangereuse parce qu'elle nous met en dehors de Jésus car en lui il n'y a pas de relation entre le péché et la justice *(2 Corinthiens 6.14-18)*. Dans Apocalypse 3, Il dit qu'il vomit les tièdes. Les tièdes sont un mélange du chaud et du froid, donc du monde et de Jésus. Mais le Seigneur n'a aucune parenté avec Bélial, ni les ténèbres aucun lien commun avec la lumière, et le péché avec la justice. La vie de péché est tellement dangereuse et mène à la perdition. C'est l'un des plus dangereux opposants car il est mêlé au plaisir. LE DANGER DU PÉCHÉ EST QU'IL Y A LE PLAISIR QUE L'HOMME NATUREL - C'EST-À-DIRE SANS ESPRIT DE DIEU– AIME.

8. L'appesantissement dû au manger, au boire et aux soucis de la vie (Luc 21.34)

Luc 21:34 :

Prenez garde à vous-mêmes, de crainte que vos cœurs ne s'appesantissent par les excès du manger et du boire, et par les soucis de la vie, et que ce jour ne vienne sur vous à l'improviste.

Le monde aujourd'hui est régi par le système du diable pour ceux qui ne font pas la volonté de Jésus. Il y a tellement d'activités dans la vie aujourd'hui qui nous amènent à nous préoccuper ou nous amènent à faire des excès dangereux pour notre consécration. Par ma propre expérience, il y a des moments où je voudrais juste m'affaler dans le divan, siroter un bon jus, regarder un film, manger, boire, être avec ma famille, mes amis, m'évader. Cela n'est pas mauvais en soi, mais quand ça prend la place de notre Seigneur, ou quand on y accorde plus de temps est d'importance qu'à ce qui est vital et essentiel, alors cela devient un opposant farouche. Lorsque le ventre et la tête sont remplis par ce qui ne doit pas y entrer, on est semblable à une statue. Notre intelligence et notre esprit sont les éléments vitaux de notre homme intérieur. Si, par l'appesantissement dû au manger, au boire et aux soucis de la vie je commence à surcharger mon homme intérieur par ce qui n'est pas de Dieu, je le fais mourir spirituellement. Ce n'est pas une mort subite mais lente et silencieuse. Par exemple, trop manger avant d'aller se coucher n'est pas bon pour notre esprit, ça nous alourdit. La lourdeur spirituelle nous empêche d'être des disciples matinaux comme Esaïe. Quelquefois le réveil matinal est difficile à cause de l'appesantissement du manger et du boire. On est lourd et on traîne le pas. La lourdeur n'est pas du Royaume de Jésus-Christ parce que son joug est léger et doux (une autre translation dit sucré et léger [Douay-Rheims]). Dans la parabole du Semeur, le Seigneur nous dit que les soucis de la vie étouffent la parole, ce sont des épines dans notre cœur. Mais le diable dans la fin des temps réussit à nous occuper les pensées par des inquiétudes dont la principale est l'argent. Le système nous amène à nous préoccuper d'argent afin qu'il devienne le centre de nos pensées. Ce n'est pas que l'argent n'est pas important, tout est important en fonction de ce qu'on en fait. Nos pensées sont les terrains d'inquiétudes de tous genres : le lendemain, l'avenir des enfants, le nôtre, la famille, les collègues, les conditions de vie, etc. Toutes ces choses nous inquiètent et pourtant, ce que Dieu a dit dans Philippiens 4 est à notre portée. ***Dans la consécration Philippiens 4.6-8***, doit être une arme puissante à toujours se revêtir sinon on risque d'abandonner facilement. C'est dans la consécration qu'on est le plus privé de tout ce que le monde offre et veut nous donner parce que le monde sait qu'on est préoccupé et qu'on cherche des solutions pour s'en sortir. Si Jésus était préoccupé ou voulait satisfaire son estomac plus que la volonté de Dieu, ou qu'il voulait les richesses de ce monde, il aurait succombé à la tentation du diable dans le désert. Sa mission et destinée se seraient alors arrêtées à cet instant-là. GLOIRE À DIEU, IL A RÉUSSI. Pendant cette période de tentation dans le désert, pendant la consécration, il faut rester dans ce que Dieu a dit et ne pas en sortir car plusieurs circonstances viendront pour nous faire sortir de cela.

9. Absence de crainte de Dieu : l'insouciance, l'indifférence, le manque de diligence

Pierre 1.5-9 :

⁵ Pour cette raison même, faites tous vos efforts afin d'ajouter à votre foi la qualité morale, à la qualité morale la connaissance,

⁶ à la connaissance la maîtrise de soi, à la maîtrise de soi la persévérance, à la persévérance la piété,

⁷ à la piété l'amitié fraternelle, à l'amitié fraternelle l'amour.

⁸ En effet, si ces qualités sont en vous et se développent, elles ne vous laissent pas inactifs ni stériles pour la connaissance de notre Seigneur Jésus-Christ.

⁹ Quant à celui qui ne possède pas ces qualités, il est aveuglé par sa myopie : il oublie qu'il a été purifié de ses anciens péchés.

2 Timothée 2.3-10 :

³ Souffre avec moi, comme un bon soldat de Jésus-Christ.

⁴ Il n'est pas de soldat qui s'embarrasse des affaires de la vie, s'il veut plaire à celui qui l'a enrôlé ;

⁵ et l'athlète n'est pas couronné, s'il n'a combattu suivant les règles.

⁶ Il faut que le laboureur travaille avant de recueillir les fruits.

⁷ Comprends ce que je dis, car le Seigneur te donnera de l'intelligence en toutes choses.

⁸ Souviens-toi de Jésus Christ, issu de la postérité de David, ressuscité des morts, selon mon Évangile,

⁹ pour lequel je souffre jusqu'à être lié comme un malfaiteur. Mais la parole de Dieu n'est pas liée.

¹⁰ C'est pourquoi je supporte tout à cause des élus, afin qu'eux aussi obtiennent le salut qui est en Jésus Christ, avec la gloire éternelle.

Dans la consécration, la crainte de Dieu doit grandir et non décroître car c'est un temps pendant lequel Dieu nous vide de nous-mêmes et nous remplit de Lui. Dans ce temps, mon adoration doit être véritable, je dois apprendre à aimer Dieu et à L'honorer. Je ne dois pas être indifférent à ce qu'Il me demande ou me dit, ni prendre cela à la légère. Tout ce que Dieu dit et veut est important et vital, et encore plus quand nous nous mettons à part pour lui. On doit montrer une diligence de cœur totale dans tout ce que l'on fait dans cette phase afin de ne pas avoir un cœur dur. Si je manifeste de l'insouciance, de l'indifférence, un manque de diligence, je dois savoir que le diable a pris la place de Dieu dans mon cœur. Une confession et une repentance immédiate doivent être faites sinon on va grandir de plus en plus dans l'endurcissement et notre consécration sera dérangée, perturbée et pourra se voir détruite. Quand on a un cœur indifférent, insouciant et manquant de diligence, on ne prend rien au sérieux, ni Dieu, ni soi-même, ni sa vie, ni la vie des autres. On devient comme on était avant : insensible *(Ephésiens 4.17-19)*.

Exemple D'une Consécration Complètement Ratée: Guéhazi (2 ROIS)

Après que le Prophète Elie ait passé le bâton à Élisée, ce dernier a eu à ses côtés l'un de ses meilleurs disciples, nommé Guéhazi. Guéhazi était à l'école d'apprentissage comme l'avait été son maître Elisée au pied d'Elie. Contrairement à Élisée, Guéhazi a démontré une préparation totalement maladroite à cause d'un cœur orgueilleux, envieux et malhonnête. Guéhazi avait l'appel de Dieu dans sa vie, il était peut-être l'un des meilleurs aux côtés d'Élisée (la Bible ne le mentionne pas, mais je pars d'une supposition car à l'école de prophète, il est difficile d'être le seul étudiant *[2Roi2.3,5]*). Guéhazi a démontré à plusieurs reprises des maladresses qui lui ont valu son appel et sa destinée. C'est vraiment triste qu'une telle personne avec un grand potentiel puisse avoir une fin malheureuse à cause de son manque d'honnêteté, d'humilité et de simplicité. Guéhazi a bien commencé sa consécration car il accompagnait Élisée - son maître - dans ses voyages et ses diverses missions *(2Roi4.8-12)*. Dans cette période de sa vie, Guehazi est un disciple assidu, attentionné, il est même capable de discerner le manque dans la famille de la femme sunamite lorsqu'il constate que cette famille riche n'a pas d'héritier. Il demande à son maitre de prier pour que cette femme puisse avoir un fils. Élisée son maître est d'accord avec lui et cela s'est passé ainsi. ***2Roi4.13-17*** :

> *[11] Élisée, étant revenu à Sunem, se retira dans la chambre haute et y coucha.*

> *[12] Il dit à Guéhazi, son serviteur : Appelle cette Sunamite. Guéhazi l'appela, et elle se présenta devant lui.*

> *[13] Et Élisée dit à Guéhazi : Dis-lui : Voici, tu nous as montré tout cet empressement ; que peut-on faire pour toi ? Faut-il parler pour toi au roi ou au chef de l'armée ? Elle répondit : J'habite au milieu de mon peuple.*

¹⁴ Et il dit : Que faire pour elle ? Guéhazi répondit : Mais, elle n'a point de fils, et son mari est vieux.

¹⁵ Et il dit : Appelle-la. Guéhazi l'appela, et elle se présenta à la porte.

¹⁶ Élisée lui dit : À cette même époque, l'année prochaine, tu embrasseras un fils. Et elle dit : Non ! Mon seigneur, homme de Dieu, ne trompe pas ta servante !

¹⁷ Cette femme devint enceinte, et elle enfanta un fils à la même époque, l'année suivante, comme Élisée lui avait dit.

Après que ce couple a eu son fils et que malheureusement la mort a emporté le fils, la femme est allée à la rencontre du prophète Élisée pour que l'homme de Dieu puisse faire quelque chose concernant sa situation. Alors, l'homme de Dieu, en réponse à la demande de la femme Sunamite, demanda à Guehazi de prendre son bâton et d'aller ressusciter le garçon *(2Roi4.29)*. Mais malheureusement la consigne donnée par Elisée ne fonctionna pas au travers de Guéhazi. Dans ce cas, on peut déjà voir que Guéhazi n'a pas dû remplir tout ce qu'il fallait pour que le garçon ressuscite. L'instruction était simple : ceins tes reins, prends le bâton et va le poser sur la face du garçon afin qu'il se relève. Cela n'a pas marché et on peut donc sous-entendre que Guéhazi n'a pas respecté toutes les conditions ou alors on peut mettre cela sur le fait qu'il est encore à l'école d'apprentissage. Quand on est à l'école, on ne réussit pas toujours du premier coup.

Quelque temps après, Guéhazi et son maître reçoivent la visite de Naaman qui voulait être guéri de la lèpre. Après que Naaman est guéri, il propose de nombreux présents à Élisée mais celui-ci refuse *(2 Rois 5.15-19)*. Ensuite, dans le verset 20, le cœur de Guéhazi se révèle encore, et il se dit :

« Voici, mon maître a ménagé Naaman, ce Syrien, en n'acceptant pas de sa main ce qu'il avait apporté ; l'Éternel est vivant ! Je vais courir après lui, et j'en obtiendrai quelque chose » *(2 Rois 5.20)*.

Alors Guéhazi poursuit Naaman, lui ment, et parvint à avoir de lui des objets de valeurs à cause de son envie et de sa convoitise, on lit :

« [21] Et Guéhazi courut après Naaman. Naaman, le voyant courir après lui, descendit de son char pour aller à sa rencontre, et dit : Tout va-t-il bien ?

[22] Il répondit : Tout va bien. Mon maître m'envoie te dire : Voici, il vient d'arriver chez moi deux jeunes gens de la montagne d'Éphraïm, d'entre les fils des prophètes ; donne pour eux, je te prie, un talent d'argent et deux vêtements de rechange.

[23] Naaman dit : Consens à prendre deux talents. Il le pressa, et il serra deux talents d'argent dans deux sacs, donna deux habits de rechange, et les fit porter devant Guéhazi par deux de ses serviteurs.

[24] Arrivé à la colline, Guéhazi les prit de leurs mains et les déposa dans la maison, et il renvoya ces gens qui partirent » *(2Rois.21-24)*.

Guéhazi a manifesté dans ce moment un cœur rempli de mensonge, d'envie, de dissimulation, d'extorsion, de vol, de convoitise et de satisfaction personnelle. Quand je lis cette histoire, je me demande pourquoi faire tout ceci. À quoi cela lui sert-il d'agir de la sorte ? Mais dans son aveuglement, Guéhazi ne savait pas que Dieu le voyait. Ce disciple qui se consacrait pour son appel était ignorant de l'une des premières choses à savoir en tant que choisi : Dieu est Omniprésent, Omniscient et Omnipotent. Ces attributs du Seigneur n'étaient pas dans le cœur de Guéhazi. Guéhazi s'est limité à son maître Élisée comme le seul qui pouvait voir ses actions et ses pensées, mais il a oublié que le Seigneur le voyait. Dans cette période de sa vie, Guéhazi a mis un terme précoce à sa sanctification pour être un vase d'honneur. Il s'est laissé emporter par son cœur mauvais et a complètement raté sa destinée car il a fini maudit par Dieu et couvert de lèpre pour le reste de sa vie. Élisée lui dit :

> *[27] La lèpre de Naaman s'attachera à toi et à ta postérité pour toujours. Et Guéhazi sortit de la présence d'Élisée avec une lèpre comme la neige.* **(2Rois.27).**

Il est important de noter qu'avant qu' Elisée ne maudisse Guéhazi, il lui a posé des questions très précises :

> « Mais Élisée lui dit : Mon esprit n'était pas absent, lorsque cet homme a quitté son char pour venir à ta rencontre. Est-ce le temps de prendre de l'argent et de prendre des vêtements, puis des oliviers, des vignes, des brebis, des bœufs, des serviteurs et des servantes ? » **(2Rois.26.)**

Par interprétation, Élisée lui dit que ce n'est pas le temps de pouvoir avoir certains avantages qui sont seulement obtenus à certains moments dans la vie d'un consacré. Élisée lui dit que parce qu'il s'est précipité et a agi dans la malice, sa fin sera maudite. En fait, le Proverbes 20.21 s'est accompli dans la vie de Guéhazi :

> « Tout ce qui est acquis avec précipitation sera maudit à la fin ».

Ceci est une grande leçon de la vie que le Saint-Esprit nous donne ici avec le cas de Guéhazi. Tout ceci est écrit pour notre instruction, pour nous qui sommes à la fin des temps *(1 Corinthiens 10.6,11)*. Dieu, par les questions d'Élisée, nous montre que tous ceux qui vont se hâter d'entrer dans la bénédiction de Dieu de façon malhonnête ou avant le temps seront exposés à la convoitise, au mensonge, à la dissimulation, à la malhonnêteté, à la tromperie, à l'envie. Lorsque la consécration est ratée dans le domaine matériel , des finances, des avantages socio-économiques, on est une cible facile pour le diable et on peut finir maudit comme Guéhazi. De nombreux serviteurs de l'Éternel sont tombés dans ces travers, l'amour du matériel et les avantages sociaux. La pression de la vie et les défis financiers les ont amenés à prendre des voies tortueuses et abominables devant leur Créateur et ils ont très mal fini. Peut-être il y a encore ceux qui sont tombés dans les pièges d'une consécration ratée , nous prions que la Miséricorde et la Grâce de L'Éternel puissent les trouver dans leur état et les rétablir car sa Grâce est encore accessible. La lèpre est le symbole du péché mais tous ceux qui étaient lépreux étaient exclus de la vie de la communauté, donc à cause de la mauvaise préparation , on peut finir maudit(e) et seul (e _). Guéhazi a fini tout seul, isolé, esseulé. Lui qui avait un si grand potentiel, un avenir radieux devant lui s'est retrouvé privé du meilleur et presque de tous *(2 Rois 8.4-5)*. La consécration d'un vase d'honneur n'est pas à prendre à la légère, c'est capital pour tous les élus de Dieu. Je ne pense pas que quelqu'un voudrait finir comme Guéhazi, dans un état piteux et sans espoir. Dieu est miséricorde et sa bonté s'étend sur toutes ses œuvres *(Psaume 145.9)* et c'est pour cela qu'Il nous donne la sagesse pour éviter des erreurs qui peuvent nous être fatales et qu'Il est toujours prêt à nous ramener sur le droit chemin quand nous nous repentons.

Entretenir Sa Consécration

Dans mon livre *Un bon père,* j'ai donné des choses à faire pour garder le cœur du bon père. C'est la même chose que je vais donner ici car le cœur ne change pas qu'il soit pour un bon père ou un consacré, c'est le même cœur. L'arme la plus efficace pour le cœur est la repentance. Si on reste dans la repentance et qu'on est toujours ouvert au Saint-Esprit pour qu'il continue à aller en profondeur dans notre cœur, brise les pierres, renverse les raisonnements, purifie nos motivations, émotions, élans et voies et que la joie du Seigneur qui est un ingrédient essentiel dans le Royaume de Dieu puisse nous remplir, alors on sera ce que Notre Dieu veut que l'on soit. **Dans Romains 14.17**, on lit :

> « Car le royaume de Dieu, ce n'est pas le manger et le boire, mais la justice, la paix et la joie, par le Saint-Esprit. »

La joie citée ici est le fruit de l'Esprit. Mais cette joie, on la confond souvent avec l'allégresse qui est la manifestation d'un sentiment de joie même quand ce pour quoi on se réjouit peut être démoniaque. Ici, la joie c'est la bonne disposition à l'égard de Dieu, c'est une joie qui vient de sa grâce qui travaille en nous. Ce n'est pas la joie que le monde donne mais celle que notre Seigneur nous donne par son Esprit en nous. Il faut avoir un cœur toujours joyeux *(Philippe S4.4)*.

1. Que faire pour entretenir sa consécration ? S'examiner instantanément et quotidiennement : nos pensées, attitudes, volonté et choix dirigés vers Dieu, nous-mêmes et notre prochain (époux/épouse si on est marié (e), enfants si on en a, famille, autorités, collèges, camarades de classe, voisins, autorités du pays, de la ville, école, université, supérieur au travail, ennemis, amis, etc.).

N.B. Les autorités c'est aussi l'armée, la police, la gendarmerie et autres corps de la sécurité de notre pays, ceux qui enseignent à nos enfants également, les pédiatres, les éducateurs, tous ceux par lesquels nous apprenons dans un cadre bien défini.

Psaume 139.23-24 :

²³ Sonde-moi, ô Dieu, et connais mon cœur ! Éprouve-moi, et connais mes pensées !

²⁴ Regarde si je suis sur une mauvaise voie, et conduis-moi sur la voie de l'éternité !

2. Reconnaître, confesser à Dieu tout ce que nous voyons de mal dans nos vies et cœurs et demander pardon. Pardonner aussi à tous ceux qui nous ont offensés et demander également le pardon pour ceux qu'on a offensés.

1 Jean 1.9 :

Si nous confessons nos péchés, il est fidèle et juste pour nous les pardonner, et pour nous purifier de toute iniquité.

Matthieu 5.23-24 :

²³ Si donc tu présentes ton offrande à l'autel, et que là tu te souviennes que ton frère a quelque chose contre toi,

²⁴ laisse là ton offrande devant l'autel, et va d'abord te réconcilier avec ton frère ; puis, viens présenter ton offrande.

3. Demander au Saint-Esprit de démolir les forteresses et raisonnements dans notre intelligence et de purifier notre imagination au travers de la prière et du jeûne.

2 Corinthiens 10.4-5 :

⁴ Car les armes avec lesquelles nous combattons ne sont pas charnelles ; mais elles sont puissantes, par la vertu de Dieu, pour renverser des forteresses.

> *⁵ Nous renversons les raisonnements et toute hauteur qui s'élève contre la connaissance de Dieu, et nous amenons toute pensée captive à l'obéissance de Christ.*

4. Rejeter toutes les mauvaises pensées qui voudraient pénétrer notre cœur après qu'on y ait renoncé.

   Colossiens 3.5-9 :

   > *⁵ Faites donc mourir les membres qui sont sur la terre, l'impudicité, l'impureté, les passions, les mauvais désirs, et la cupidité, qui est une idolâtrie.*
   >
   > *⁶ C'est à cause de ces choses que la colère de Dieu vient sur les fils de la rébellion,*
   >
   > *⁷ parmi lesquels vous marchiez autrefois, lorsque vous viviez dans ces péchés.*
   >
   > *⁸ Mais maintenant, renoncez à toutes ces choses, à la colère, à l'animosité, à la méchanceté, à la calomnie, aux paroles déshonnêtes qui pourraient sortir de votre bouche.*
   >
   > *⁹ Ne mentez pas les uns aux autres, vous étant dépouillés du vieil homme et de ses œuvres.*

5. Garder les commandements en étant un bon disciple de Jésus et mettre la parole en pratique.

   Jean 15.5-7 :

   > *⁵ Je suis le cep, vous êtes les sarments. Celui qui demeure en moi et en qui je demeure porte beaucoup de fruits, car sans moi vous ne pouvez rien faire.*
   >
   > *⁶ Si quelqu'un ne demeure pas en moi, il est jeté dehors, comme le sarment, et il sèche ; puis on ramasse les sarments, on les jette au feu, et ils brûlent.*

⁷ *Si vous demeurez en moi, et que mes paroles demeurent en vous, demandez ce que vous voudrez, et cela vous sera accordé.*

Proverbes 4.23 :

Garde ton cœur plus que toute autre chose, car de lui viennent les sources de la vie.

6. Toujours être joyeux en Esprit et continuellement faire le bien

Philippiens 4.4 :

Réjouissez-vous toujours dans le Seigneur ; je le répète, réjouissez-vous.

Galates 6.9-10 :

⁹ *Ne nous lassons pas de faire le bien ; car nous moissonnerons au temps convenable, si nous ne nous relâchons pas.*

¹⁰ *Ainsi donc, pendant que nous en avons l'occasion, pratiquons le bien envers tous, et surtout envers les frères en la foi.*

Romains 12.21 :

Ne te laisse pas vaincre par le mal, mais surmonte le mal par le bien.

La Consécration Parfaite: Jésus-Christ

Philippiens 2.5-11 :

⁵ Ayez en vous les sentiments qui étaient en Jésus-Christ,

⁶ lequel, existant en forme de Dieu, n'a point regardé comme une proie à arracher d'être égal avec Dieu,

⁷ mais s'est dépouillé lui-même, en prenant une forme de serviteur, en devenant semblable aux hommes ; et ayant paru comme un simple homme,

⁸ il s'est humilié lui-même, se rendant obéissant jusqu'à la mort, même jusqu'à la mort de la croix.

⁹ C'est pourquoi aussi Dieu l'a souverainement élevé, et lui a donné le nom qui est au-dessus de tout nom,

¹⁰ afin qu'au nom de Jésus tout genou fléchisse dans les cieux, sur la terre et sous la terre,

¹¹ et que toute langue confesse que Jésus-Christ est Seigneur, à la gloire de Dieu le Père.

Pour illustrer une consécration parfaite, on ne peut prendre que l'exemple de Jésus, l'homme parfait parce qu'il est sans péché. Jésus est notre exemple à tous parce que sa vie, sa résurrection et son œuvre dans l'univers et surtout sur la terre démontrent sa suprématie et son incomparable caractère, sa maîtrise et son autorité, non seulement sur son être mais aussi dans tous les domaines de sa vie. Tous les hommes naturels sont pécheurs de nature ; leur essence, ce qui les constitue génétiquement et spirituellement est taché par le péché et donc l'imperfection. Les racheté(e)s, en revanche, sont parfait(e)s dans leur esprit mais les résidus du péché dans leur âme et leur corps les limitent (Romains 6.19). Donc, si on veut se donner une mesure dans notre consécration, le Seigneur est le seul à qui nous devons nous mesurer et personne d'autre, même pas l'apôtre Paul car lui-même était sujet à la faiblesse du péché dans son caractère. Ainsi, lorsque nous faisons de notre Seigneur notre mesure, nous partons déjà avec un avantage mental qui est de savoir que : *je ne dois pas fixer une limite dans ma marche dans la sainteté car la limite qui est Jésus est la vie éternelle.* Dans mes années de marche avec le Seigneur, quand je n'avais pas encore cette compréhension de la limite à ne pas mettre, je m'efforçais de ne pas pécher, ne pas décevoir le Seigneur et de faire tout parfaitement, mais je me rendais compte après quelque temps que je pouvais manquer de maîtrise de soi ou que je pouvais avoir un comportement vraiment inapproprié et j'étais frustré. Je me repentais et me disais toujours :

« Comment suis-je tombé encore dans ce péché si facilement alors que j'ai le Saint-Esprit ? »

Un jour où j'avais encore essayé de me maintenir dans la perfection et que je m'étais encore vu tomber, alors que je méditais et je me parlais à moi-même dans mon lit, j'entendis la voix du Seigneur me dire

« Tu ne peux pas devenir Dieu. »

J'étais surpris d'entendre cela et même temps j'étais triste et déçu parce que je comprenais que ce que je voulais être ne pouvait pas être atteint par un homme : je voulais être parfait. J'ai compris que mon ambition personnelle était vaine dans cette recherche de la perfection dans mon caractère car je m'étais lancé dans une quête impossible même si on me donnait toute l'éternité. Ce jour-là j'ai compris que je ne devais pas chercher la perfection, mais que je devais juste grandir dans mon caractère. J'ai arrêté de me sentir coupable de mes chutes dans mon caractère et de me relever le plus rapidement possible et d'avancer quand je tombais. Depuis que j'ai arrêté de vouloir être parfait, j'ai aussi remarqué que j'étais meilleur qu'avant parce que le Seigneur m'a fait comprendre que ce que je devais avoir c'était lui et non des prouesses de caractère. Nous avons juste besoin de plus de lui en nous et le reste suivra.

- Jésus dans son humanité sur la terre vient déjà avec un grand désavantage, il avait déjà une vie spirituelle dans la gloire et la perfection totale. Comme il est dit dans Philippiens, Jésus n'a pas considéré son égalité avec Dieu comme une proie à arracher. Jésus-Christ a abandonné son privilège divin et a tout fait comme un homme sur la terre. Jésus n'a rien fait comme Dieu même étant Dieu. Jésus a tout fait comme un serviteur, c'est-à-dire dépendre totalement et complètement du Père. Dans sa consécration, Jésus a tout appris, il a choisi de tout apprendre en tant qu'homme pour nous montrer l'exemple. De sa naissance à son baptême, Jésus a démontré une grande maîtrise dans la consécration. De son baptême à la crucifixion, il a démontré encore une très grande maîtrise de la vie d'un consacré et même après sa résurrection, aujourd'hui, Jésus continue à démontrer ce caractère de consécration car il vit pour Dieu *(Romains 6.10)*.

- **De Sa naissance à Son baptême :** on voit Jésus à 12 ans au temple entouré de scribes et discutant avec eux. Ses parents le retrouvent après 3 jours de recherche, et ce qui se passe alors entre eux est assez délicat. J'avais trouvé que le fait que Jésus reste en arrière, sans le dire à ses parents, en les mettant dans un embarras total était très délicat. Lorsque Jésus a été retrouvé par ses parents qui le cherchaient, on lit dans les Écritures, dans *Luc 2.49*, ce que le garçon Jésus, le Fils de Dieu, répond à ses parents : « Quand ses parents le virent, ils furent saisis d'étonnement, et sa mère lui dit : Mon enfant, pourquoi as-tu agi de la sorte avec nous ? Voici, ton père et moi, nous te cherchions avec angoisse.

[49] Il leur dit : Pourquoi me cherchiez-vous ? Ne saviez-vous pas qu'il faut que je m'occupe des affaires de mon Père ?

⁵⁰ Mais ils ne comprirent pas ce qu'il leur disait. »

Quand je lisais ce passage dans mes premières années de conversion, je le trouvais un peu irrespectueux envers ses parents, mais la Bible nous dit que Jésus était juste et sans péché, donc sa réaction était juste devant Dieu. Et plus loin, on lit que Jésus était soumis à ses parents *(Luc 2.51)*. On voit que le Seigneur a bien géré son adolescence, cette préparation de cœur ; Jésus a appris qu'il devait rester soumis à ses parents, même s'il avait une grande mission qui était déterminante pour toute l'humanité. Quelle responsabilité pour un enfant de 12 ans ! Il sait qu'il n'a pas droit l'erreur, il doit gérer les demandes du Ciel et de la terre, il doit gérer la pression familiale car il est l'aîné, il doit respecter les autorités du Sanhédrin, les Romains qui sont présents sur le territoire, les voisins, les amis, les ennemis, les tentations de tout genre. Oui, Jésus doit pouvoir gérer tout cela. Jésus a eu une enfance comme tout homme, il a surement eu des amis et même connu la tentation de la fornication parmi d'autres. Jésus a été tenté de toutes choses mais sans pécher *(Hébreux 4.16)*. Quand nous lisons les Écritures, nous avons souvent tendance à oublier que Jésus était humain donc sujet à la faiblesse car la chair est faible. Avec toute cette pression de l'âge et de l'environnement, Jésus a su gérer sa consécration. La Bible se tait sur la vie de Jésus pendant 18 ans, on ne parle d'aucun incident concernant Jésus, ses parents, sa famille mais on revoit Jésus 18 ans après face à Jean Baptiste dans le désert. Pourquoi ce silence ? Jésus se préparait, il voulait être ce vase d'honneur pour son Père car les enjeux étaient trop grands. Jésus comprenait cela et il a donné sa vie et payé le prix pour cela pendant toutes ces années de silence. La Bible nous dit que Jésus était rempli de sagesse, de grâce et avait grandi en stature. Pendant tout ce temps, Jésus était entre les mains du Saint-Esprit en train de se fortifier en esprit. Il allait dans la synagogue de la ville, y servait car on le voit lire le rouleau d'Esaïe dans

Luc 4.16-18:

¹⁶ Il se rendit à Nazareth, où il avait été élevé, et, selon sa coutume, il entra dans la synagogue le jour du sabbat. Il se leva pour faire la lecture,

¹⁷ et on lui remit le livre du prophète Ésaïe. L'ayant déroulé, il trouva l'endroit où il était écrit :

¹⁸ L'Esprit du Seigneur est sur moi, parce qu'il m'a oint pour annoncer une bonne nouvelle aux pauvres ; Il m'a envoyé pour guérir ceux qui ont le cœur brisé.

Cela veut dire que ce n'était pas la première fois qu'il le faisait parce que la Bible nous dit qu'il y allait comme à son habitude. **Luc 4.16** : Il se rendit à Nazareth, où il avait été élevé, et, selon sa coutume, il entra dans la synagogue le jour du sabbat. Il se leva pour faire la lecture.

Pendant ce temps de consécration, Jésus a fait face à la plus grande de toutes les tentations : agir avant l'heure. Comme je le dis souvent à mon épouse, il est plus difficile de ne pas faire le bien quand tu peux le faire que de faire le mal quand tu ne dois pas. Jésus a grandi dans un environnement où il voyait des malades, des infirmes, des lépreux, des gens mourir de maladies qu'il aurait pu soigner mais il ne pouvait rien faire. Jésus a vu des gens mourir de faim, des personnes abusées, maltraitées, rejetées... Jésus a rencontré toutes sortes de problèmes dans sa vie de Rabbi ambulant mais il ne pouvait rien faire car son heure n'était pas encore venue. Jésus a su attendre l'heure du Père, rester dans l'humilité, la fidélité et l'obéissance. Jésus cultive ce cœur profond de serviteur et de père pour la suite de sa vie. Dans Philippiens, on lit « < Obéissant jusqu'à la mort et même la mort sur la croix ». Jésus avait pris une décision :

« Peu importe ce qui va se passer, même si cela doit me coûter la vie, je ne ferai que la volonté de mon Père. »

Jésus a cultivé une mentalité du Ciel au-delà de toute attente parce que même après qu'il eut quitté sa profession de charpentier pour son ministère, Jésus n'a jamais fait passer sa famille avant son Père. C'est quelque chose de très difficile à faire quand les liens de sang sont engagés si on n'a pas été consacré à un haut niveau. (Ici il ne faut pas confondre la consécration avec le fait de délaisser sa famille à cause de l'église locale, c'est insensé. On doit toujours aimer nos familles et leur accorder beaucoup d'attention.) Jésus a développé une grande humilité et une crainte de Dieu dans sa consécration car sachant qu'il était Dieu, il a accepté de se plier à l'autorité de ses parents, aux autorités religieuses, politiques et sociales.

- **De Son baptême à sa crucifixion** : après les 18 ans de Jésus dans le silence de la préparation pour sa destinée, Jésus apparaît dans le Jourdain, devant Jean pour être baptisé, et Jean qui l'a reconnu par le Saint-Esprit veut être baptisé par Jésus, mais Jésus qui sait déjà ce qu'il faut faire car ayant été bien préparé dans l'humilité, laisse Jean le baptiser et insiste parce que Jean ne concevait pas que Jésus le Tout-Puissant puisse être baptisé par lui.

«¹³ Alors Jésus vint de la Galilée au Jourdain vers Jean, pour être baptisé par lui.

¹⁴ Mais Jean s'y opposait, en disant : C'est moi qui ai besoin d'être baptisé par toi, et tu viens à moi !

¹⁵ Jésus lui répondit : Laisse faire maintenant, car il est convenable que nous accomplissions ainsi tout ce qui est juste. Et Jean ne lui résista plus.

¹⁶ Dès que Jésus eut été baptisé, il sortit de l'eau. Et voici, les cieux s'ouvrirent, et il vit l'Esprit de Dieu descendre comme une colombe et venir sur lui » (Matthieu 3.13-16).

Après Son baptême, on voit Jésus dans le désert avec l'une des plus grandes tentations de sa vie, le face-à-face avec l'adversaire. Ici Jésus a démontré une maîtrise parfaite de soi, son amour pour Dieu, son amour pour la parole, sa foi dans la parole et sa détermination à finir ce qu'il avait commencé. Le diable dans ses trois formes de tentations veut amener Jésus dans un terrain qui d'apparence n'est pas mauvais mais qui au fond est terriblement mortel. Lors de la tentation dans le désert, Jésus réaffirme sa préparation au travers de laquelle il démontre qu'il est prêt pour aller affronter ce qui l'attend par la suite. Jésus n'a pas appris à résister au diable dans le désert mais avant. Il a été tenté, donc il a fallu que Jésus puisse résister au diable et laisser le Saint-Esprit remplir son moi. Dans son ministère, Jésus ne démontre que sa consécration et entretient cela. On voit Jésus tenté par les scribes, les Pharisiens, les Hérodiens, par son entourage, sa famille, mais Jésus démontre son caractère de Fils de Dieu.

Hébreux 5.7-10 dit

« 7 C'est lui qui, dans les jours de sa chair, ayant présenté avec de grands cris et avec larmes des prières et des supplications à celui qui pouvait le sauver de la mort, et ayant été exaucé à cause de sa piété,

8 a appris, bien qu'il fût Fils, l'obéissance par les choses qu'il a souffertes,

9 et qui, après avoir été élevé à la perfection, est devenu pour tous ceux qui lui obéissent l'auteur d'un salut éternel,

10 Dieu l'ayant déclaré souverain sacrificateur selon l'ordre de Melchisédek. »

Oui, le Seigneur a tout appris, sa consécration était parfaite, c'est pour cela qu'on voit un serviteur de l'Éternel triomphant sur le bois et ressuscité d'entre les morts. Ce n'est pas dans la passion que Jésus a appris à supporter l'ignominie, ou qu'il a été habitué à la souffrance mais c'est pendant toute sa vie. Par sa vie et son dévouement à son Père, Jésus nous montre la beauté de la consécration et ses fruits dans sa vie qui peuvent être les nôtres si nous marchons dans Ses pas.

Conclusion

Le succès et la gloire sont innés dans l'homme. Lorsqu'il a créé l'homme et la femme, Dieu leur a donné des paroles conquérantes, de puissance et de domination. Dieu les a bénis, et Dieu leur a dit : Soyez féconds, multipliez, remplissez la terre, et assujettissez-la; et dominez sur les poissons de la mer, sur les oiseaux du ciel, et sur tout animal qui se meut sur la terre *(Genèse 1.28)*. C'est un commandement, un ordre établi qui est actif et vivant dans l'homme et sur la terre parce que la parole de Dieu est vivante, active et éternelle. Mais pour pouvoir accomplir le commandement, l'homme devait suivre une seule règle simple : ne pas manger au fruit de la connaissance du bien et du mal. Ce n'est pas que le fruit était bon ou mauvais, mais c'était la restriction de Dieu qui avait donné ce « pouvoir » de témoin à l'arbre. La limite que l'homme ne devait jamais franchir était de manger le fruit de cet arbre sinon il mourait. Malheureusement, Adam et Eve ont désobéi et l'humanité est devenue ce qu'elle est aujourd'hui : pécheresse. Mais Dieu, dans sa bonté et son amour pour les hommes, n'avait pas encore fini avec le genre humain parce que le même jour où l'homme a désobéi, Dieu dit ceci :

« Je mettrai inimitié entre toi et la femme, entre ta postérité et sa postérité : celle-ci t'écrasera la tête, et tu lui blesseras le talon » (Genese 3.15).

Dieu déclare une sentence de victoire déjà dans la vie de l'humanité sur le serpent qui est le diable, et cette victoire a été réalisée par Jésus-Christ lors de sa résurrection d'entre les morts par l'Esprit de sainteté afin que par la foi en lui on puisse être déclaré juste et régénéré par Dieu et revenir dans le plan initial qui avait été attaqué par le diable et sa ruse. Au travers de Jésus, l'humanité a le privilège de revenir dans ce plan initial merveilleux et de pouvoir goûter aux plaisirs et délices éternels qui sont en Jésus-Christ par une vie de consécration et de justice. La consécration est ce qui nous prépare à vivre cela, à marcher dans cela et à jouir des retombées éternelles si on ne se lasse pas avant la fin. Jésus nous a promis la gloire si on souffre avec lui *(Matthieu 22.; Romains 8.)*. Le succès et la gloire ont un prix et ce prix est la consécration et la justice. Sans elles, nous ne pouvons pas voir les multiples grâces et gloires qui sont à notre portée. Que ce soit Abraham, Noé, Joseph, Moïse, les prophètes ou les apôtres, toutes ces personnes qui étaient de la même nature que nous ont emprunté le chemin étroit qui mène à la gloire : quitter leur ville natale et leur famille, abandonner le plaisir de la chair et du péché, vivre dans les chaînes et les blessures familiales, renoncer à la gloire du monde, accepter le rejet et le regard des autres, ne pas pouvoir se marier, souffrir la persécution, la famine, accepter d'être martyr, flagellé, lapidé, scié et bien d'autres tortures encore pour la gloire de Jésus. Sans passer par la case de la consécration, aucune de ces personnes n'aurait pu terminer la course dans laquelle elle était engagée. Le chemin étroit d'un vase d'honneur n'est pas un chemin toujours évident car il demande beaucoup de sacrifices, de renoncements et d'adversité. En tant que fils et filles du Royaume de Lumière, nous devons savoir que la lumière que nous sommes par définition ne brille pas de façon automatique. Une ampoule ne brille pas automatiquement, il faut y faire passer de l'électricité, et quand l'électricité y passe, cette ampoule chauffe, elle dégage de la chaleur. Nous sommes comme ces ampoules, nous devons laisser la puissance de Dieu nous consumer pour que nous puissions briller pour la gloire du Seigneur Jésus. C'est seulement par la consécration, la préparation dans les lieux secrets que notre lumière va briller pour la joie du Père. Paul dit à Timothée :« Dans une grande maison, il n'y a pas seulement des vases d'or et d'argent, mais il y en a aussi de bois et de terre ; les uns sont des vases d'honneur, et les autres sont d'un usage vil.

21 Si donc quelqu'un se conserve pur, en s'abstenant de ces choses, il sera un vase d'honneur, sanctifié, utile à son maître, propre à toute bonne œuvre » (2 Timothée 2.20-21).

C'est à la fin de sa vie que Paul donne à Timothée les clés de la gloire et du succès. Dans la fin de sa vie sur terre, Jésus parle en secret avec ses disciples du Consolateur qui va venir pour les garder dans le chemin de la vérité. Après cela, il fait la plus importante de toutes les prières de l'histoire à son Père avec des paroles d'amour et de réconfort dans laquelle il dit ceci :

« Je leur ai donné ta parole ; et le monde les a haïs, parce qu'ils ne sont pas du monde, comme moi je ne suis pas du monde.

[15] Je ne te prie pas de les ôter du monde, mais de les préserver du mal.

[16] Ils ne sont pas du monde, comme moi je ne suis pas du monde.

[17] Sanctifie-les par ta vérité : ta parole est la vérité.

[18] Comme tu m'as envoyé dans le monde, je les ai aussi envoyés dans le monde.

[19] Et je me sanctifie moi-même pour eux, afin qu'eux aussi soient sanctifiés par la vérité.

[20] Ce n'est pas pour eux seulement que je prie, mais encore pour ceux qui croiront en moi par leur parole,

[21] afin que tous soient un, comme toi, Père, tu es en moi, et comme je suis en toi, afin qu'eux aussi soient un en nous, pour que le monde croie que tu m'as envoyé » (Jean 17.14-21).

N'est-il pas merveilleux de ressentir la passion et l'amour que le Seigneur a pour nous dans ces paroles et de constater qu'il voulait le meilleur pour son Église ? Le Seigneur Jésus, le Messie, le Roi qui est aujourd'hui à la droite du Père, a reçu de Lui toute autorité et pouvoir parce qu'Il s'est consacré pour son Père afin de nous amener dans la gloire avec Lui pour toujours. Sanctifie-les par ta vérité : ta parole est la vérité.... Et Je me sanctifie moi-même pour eux, afin qu'eux aussi soient sanctifiés par la vérité... Afin que tous soient un, comme toi, Père, tu es en moi, et comme je suis en toi, afin qu'eux aussi soient un en nous, pour que le monde croie que tu m'as envoyé.

Alléluia !

(Samedi, 3 Avril 2021, 12 : 05 AM

Jeudi ,20 Janvier 2022 ,12 :49 PM)

www.ingramcontent.com/pod-product-compliance
Lightning Source LLC
LaVergne TN
LVHW051523070426
835507LV00023B/3279